Fallada zum Vergnügen

Hans Fallada
Karikatur von e. o. plauen, 1943

Fallada
zum Vergnügen

Herausgegeben von Karl-Heinz Göttert
und Günter Wallraff

Mit 9 Abbildungen

Reclam

RECLAMS UNIVERSAL-BIBLIOTHEK Nr. 14258
2022 Philipp Reclam jun. Verlag GmbH,
Siemensstraße 32, 71254 Ditzingen
Umschlagillustration: Nikolaus Heidelbach
Druck und Bindung: Eberl & Koesel GmbH & Co. KG,
Am Buchweg 1, 87452 Altusried-Krugzell
Printed in Germany 2022
RECLAM, UNIVERSAL-BIBLIOTHEK und
RECLAMS UNIVERSAL-BIBLIOTHEK sind eingetragene Marken
der Philipp Reclam jun. GmbH & Co. KG, Stuttgart
ISBN 978-3-15-014258-5

Auch als E-Book erhältlich

www.reclam.de

Inhalt

Vorwort

Hans Fallada wurde 1893 als Rudolf Ditzen in Greifswald geboren.[1] Man kann von großbürgerlichen Ver-
hältnissen sprechen. Vater Wilhelm, selbst aus einer
Juristenfamilie stammend, war Landgerichtsrat, schlug
eine Professur für Strafrecht aus, wurde Kammergerichtsrat in Berlin, dann Reichsgerichtsrat in Leipzig.
Der kleine Rudolf besuchte auf diesen Stationen
beste Schulen, erlebte Demütigungen, musste wech-
seln, durchlief eine schwierige Pubertät, war kränk-
lich, machte kein Abitur. Am Tiefpunkt verabredete
er mit einem Freund einen Doppelselbstmord, aus-
geführt als Duell. Den nur leicht Getroffenen er-
schoss er auf dessen Wunsch, richtete dann die Pisto-
le auf die eigene Brust – und überlebte. Die Anklage
wegen Totschlags endete mit einer Strafunmündig-
keitserklärung und anschließender Einweisung in die
Psychiatrie. Es sollte nicht die einzige bleiben. Falladas Leben entwickelte sich als eine Folge von Ab-
stürzen. Alkohol, Nikotin (150 Zigaretten am Tag),
Morphium, Kokain – anschließend die Berliner Charité oder die Privatklinik eines ehemaligen Schulka-
meraden.

1 Die aktuellste, auf neuesten Funden beruhende Biographie
   hat Peter Walther geschrieben: *Hans Fallada. Die Biographie*,
   Berlin 2017.

Die Abstürze kamen nicht von ungefähr. Sie standen stets im Zusammenhang mit enormen Arbeitsleistungen, mit dem Leben als Schriftsteller. Als mit finanzieller Unterstützung der Familie der erste, noch rein expressionistische Roman entsteht, verlangt der Vater eine Veröffentlichung unter Pseudonym – wegen der freizügigen Darstellung von Erotik und Drogenkonsum. Da greift Rudolf auf sein Faible für Märchen zurück, entnimmt den neuen Vornamen »Hans im Glück«, den Nachnamen unter Hinzufügung eines zweiten l der »Gänsemagd« bzw. dem sprechenden Pferdekopf Falada, der die falsche Prinzessin entlarvt – »Hans Fallada« war geboren. Ein Entlarver im Glück oder einer, der nur glücklich sein kann, wenn er zeigt, wie das Leben wirklich ist?

Der junge Goedeschal, wie der Debütroman heißt, entsteht noch langsam, während des Ersten Weltkriegs, unterbrochen von gescheiterter Liebe, Depressionen, die wieder einmal zu einem Selbstmordversuch führen, ehe die Arbeit in der Landwirtschaft etwas Ruhe bringt. Verleger ist Ernst Rowohlt, der spätere Freund und Förderer. Die Auslieferung beginnt 1920, in mehr als schwierigen Zeiten, der Verkauf läuft mäßig. Auch ein zweiter Roman, *Anton und Gerda* (1923), wird kein wirklicher Erfolg. Über Wasser hält sich Fallada jetzt als Rendant auf einem Gut in Schlesien. Aber der Drogenabhängige braucht viel mehr Geld, als er verdient, unterschlägt hohe

Summen, wird verurteilt, geht 1924 nach Greifswald ins Gefängnis, erhält danach wieder eine Stelle, nimmt abermals Geld aus der Kasse, muss dafür für fast zwei Jahre ins Gefängnis Neumünster. Fallada bekommt dort keine Schreiberlaubnis, prägt sich aber die Umstände seines Lebens im Arbeitsdienst genauestens ein, um es in *Wer einmal aus dem Blechnapf frißt* literarisch zu verarbeiten. Auch sonst besteht die Stärke seiner Erzählkunst in der Wiedergabe von Selbsterlebtem, so zum Beispiel seiner Kokainabhängigkeit in der Novelle *Die Kuh, der Schuh, dann du.*

Dann die Wende. In Hamburg, wo Fallada in einem Hilfsverein für entlassene Gefangene aufgenommen wird, tritt er dem Guttemplerorden bei, einer international engagierten Organisation, die Suchtkranken Hilfe bietet. Dort hält er Vorträge, lernt vor allem die Frau fürs Leben kennen, Anna Issel, seine »Suse«. Die Lageristin in einer Großhandlung für Putzmacherbedarf übernimmt die Führung in diesem ungleichen Duett, auch in schwierigsten Zeiten mit ständig neuen Klinikaufenthalten. Suse und »ihr Junge« schreiben sich fast täglich Liebesbriefe – einer der eindringlichsten Briefwechsel in der deutschen Literatur.

Vorläufig aber geht es nach oben, nicht gleich steil, dafür alsbald vielleicht zu steil. Nach der Hochzeit 1929 wird Fallada Abonnenten- und Annoncenwerber beim *General-Anzeiger* in Neumünster, betätigt sich als Lokalreporter. Zufällig begegnet er in Sylt erneut Ernst Rowohlt, der ihn zum Leiter der Rezensionsabteilung im Berliner Verlag macht, wohlweislich eine Halbtagsstelle, die zum Schreiben Zeit lässt. Falls es ein Kalkül war, geht es auf. 1931 erscheint *Bauern, Bonzen und Bomben*, ein Roman über den Protest der Landvolkbewegung mit brutaler Unterdrückung durch Politik und Polizei. Fallada selbst spricht in einem Beitrag über sein Idol Ernest Hemingway von »Details über Details«, vom »Weglassen aller Gefühle«, ja vom Fehlen eines Autors – die Wissenschaft wird dafür die Schublade »Neue Sachlichkeit« erfinden. Kurt Tucholsky, ebenfalls Rowohlt-Autor, nennt das Werk in seiner Rezension den »besten deutschen Kleinstadtroman«. Robert Musil lobt die Dialoge, Siegfried Kracauer die Tatsache, dass es »keine offenkundige Tendenz« gebe.

Ein großer Erfolg im Feuilleton, aber nicht beim Publikum. Noch dazu wird der Rowohlt-Verlag insolvent, Fallada erhält keine Honorare mehr, sitzt mittlerweile auf Schulden. Da kommt im nächsten Jahr der Erfolg als Lawine: mit *Kleiner Mann – was nun?* Im Mittelpunkt steht das Scheitern eines »Anständigen« in schwierigen Zeiten, aber auch das Hohelied auf »Lämmchen«, hinter dem sich niemand anderes als Suse verbirgt. Vorabdrucke in Zeitungen bereiten das Feld, die UFA meldet sich (und wird mit Theo Lingen und anderen damaligen Stars eine ver-

Fallada und seine Frau »Suse« (Anna Ditzen), 1932

kitschte Fassung bieten, deren Premiere Fallada enttäuscht fernbleibt), der mittlerweile gerettete Rowohlt bietet einen Generalvertrag. Hermann Hesse
lobt die »Wahrhaftigkeit«, Robert Musil die »Na-
türlichkeit«, Thomas Mann wird treuer Fallada-Le-
ser. Aber das äußerst rasche Schreiben, Schwerpunkt
zwischen drei und sieben Uhr morgens, fordert seinen Tribut. Der bislang Sparsame mutiert mit dem
wahren Geldsegen zum Verschwender, es folgen Depressionen und erneute Abstürze durch exzessiven
Drogenkonsum.

Mittlerweile hat sich in Deutschland die Politik
dramatisch verändert. Nach Weimar folgt die Hitler-
Diktatur. Der *Kleine Mann* verschwindet aus den öf-
fentlichen Bibliotheken, Fallada wird denunziert,
kommt in Haft. Aber daraus entsteht wieder Literatur, die auch die frühen Greifswalder Erfahrungen
einbezieht: der Roman *Wer einmal aus dem Blechnapf
frißt*, 600 Seiten in drei Monaten. Im Zentrum steht
der Häftling Willi Kufalt, dessen Wiedereingliede-
rung in die Gesellschaft dramatisch scheitert – die
Haftanstalt wird ihm zum einzigen vertrauten Ret-
tungsort. Die Veröffentlichung 1934 wird erst möglich, nachdem der Autor eine Einleitung hinzugefügt
hat, die alles Unheil der »Systemzeit«, also der »über-
wundenen Demokratie«, zuweist – Thomas Mann
wird von einer Verleugnung der »humanen Gesin-
nung« sprechen. Es ist nur der Anfang eines nicht

endenden Kampfes, bizarr auch deshalb, weil Fallada in Goebbels einen Fürsprecher besitzt, der jedoch vom Amt Rosenberg, der Dienststelle für Kulturpolitik und Überwachungspolitik des NS-Chefideologen Alfred Rosenberg, ständig überspielt wird.

Zwischen 1933 und 1944 erscheinen insgesamt 20 weitere Romane, 15 zu Lebzeiten des Autors veröffentlicht. Sie sind sehr unterschiedlich. *Wir hatten mal ein Kind* (1934) schildert den Verlust einer Tochter, weicht von den sonst beherrschenden Dialogen ins Erzählerische ab, beschreibt die Landschaft in Rügen, wo ein dem Alkohol verfallener Held den Hof verkommen lässt – Autobiographisches liegt dem mittlerweile mit seiner Familie auf einem Gut im mecklenburgischen Carwitz Ansässigen nicht fern. Fallada, in Geldnöten nicht zuletzt aufgrund der teuren Klinikaufenthalte, versucht es mit Illustriertenromanen wie *Altes Herz geht auf die Reise* (1936), weiter mit Kinderbüchern à la Erich Kästner, mit *Hoppelpoppel – wo bist du?* 1937 kommt *Wolf unter Wölfen heraus*, mit über 600 Seiten in zwei Monaten geschrieben. Der Roman schildert Not und verzweifelten Überlebenskampf während der Inflationszeit in der Weimarer Republik. Er erhält wieder einmal das Lob von Goebbels und die Verurteilung des Amtes Rosenberg. Die für Kinder geschriebenen *Geschichten aus der Murkelei* (1938) vermeiden alles Politische, aber der Erfolg bleibt aus, ja wird verhindert.

Dann kommt ein neuer Bestseller trotz aller Widrigkeiten. Emil Jannings, damaliger Schauspielstar, schlägt einen Fall aus dem Jahre 1928 zur Verfilmung vor: die dank Unterstützung durch die Presse umjubelte Fahrt des Droschkenkutschers Gustav Hartmann mit Pferd Grasmus von Berlin nach Paris und zurück, um sich gegen die aufkommenden Automobile zu wehren. Fallada legt wieder einmal in weniger als drei Monaten 738 Seiten der Buchausgabe unter dem Titel *Der eiserne Gustav* vor, herausgekommen 1938. Goebbels ist begeistert, presst dem Autor aber einen neuen Schluss mit dem Eintritt von Hartmanns Sohn in die NSDAP ab – den »Nazi-Schwanz«. Und der Film, geplant unter dem Titel *Der weite Weg*, wird nach umfangreichen Vorarbeiten verhindert, weil das Amt Rosenberg erneut querschießt. So wie bei einer Reihe anderer Filmprojekte auch. Nur *Kleiner Mann, großer Mann – alles vertauscht*, als Roman 1940 erschienen, kommt unter dem Titel *Himmel, wir erben ein Schloß* 1943 in die Kinos.

Zwischenzeitlich ist Fallada zum »unerwünschten Autor« erklärt worden. Er macht sich Gedanken über seine Emigration, zumal ein Angebot zum Drehbuchschreiben in Hollywood vorliegt. Nach kurzem Schwanken bleibt er. Die Deutsche Verlagsanstalt, der er nach dem Verbot des Rowohlt-Verlags mittlerweile angehört, trägt ihm einen Stoff für einen Roman an: die »*Jud Süß*-Geschichte« nach einer Novelle von

Fallada bei der Arbeit. Es wird viel Kaffee getrunken

Wilhelm Hauff aus dem frühen 19. Jahrhundert. Lion Feuchtwanger hat sie als Demonstration ausgearbeitet, wie der Hass auf Minderheiten instrumentalisiert werden kann, 1940 erschien die unüberbietbar antisemitisch-hetzerische Filmfassung von Veit Harlan. Fallada versucht sich an dem Kunststück, »einen nicht antisemitischen antisemitischen Roman« zu schreiben, der jedoch rasch in den Mühlen des Regimes stecken bleibt. Dafür kommen zwei Bücher zum Druck, die als eigenartig literarisch verfremdete Autobiographien zu verstehen sind: die Beschreibung der Jugend als *Damals bei uns daheim* 1942 sowie der Zeit in Carwitz als *Heute bei uns zu Haus* 1943.

Ein einziger Kampf ums Schreiben, so wie es ein einziger Kampf mit der Sucht wird – und beides hängt miteinander zusammen. 1944 geht das Familienleben in Carwitz zu Ende, Fallada trennt sich von seiner Suse, heiratet die junge Unternehmerwitwe Ursula Losch, die selbst Morphinistin ist und mit ihm zusammen abstürzt. Ein Schuss, den er volltrunken auf Suse abgegeben hat, führt ihn kurzfristig ins Untersuchungsgefängnis. Das Tagebuch, das er dort geheim und verschlüsselt führt, wird zur Abrechnung mit dem Nationalsozialismus, allerdings nach der Befreiung auch zur Selbstrechtfertigung als Zuhausegebliebener. Den Roman *Der Trinker*, eine Studie zur Pathologie des Trinkens ebenso wie zum unmenschlichen Entmündigungsverfahren, bringt er dagegen nicht zur Veröffentlichung – viele werden die spätere Verfilmung mit Harald Juhnke kennen. Für seine Tochter »Mücke« schreibt er als Weihnachtsgeschenk die Erzählung *Fridolin der freche Dachs*.

Dann nimmt das Schicksal seinen Lauf. Fallada, zwischenzeitlich in einer geschlossenen Abteilung für »geisteskranke Kriminelle« untergebracht, übersteht das Ende der Nazizeit mitsamt Bombenkrieg in Berlin, findet mit seiner neuen Frau eine neue Bleibe in einer vom Krieg verschonten Villa im »Pankower Ghetto«. Der Dichter und spätere DDR-Kulturminister Johannes R. Becher hat ihm das Haus besorgt und spielt ihm auch einen neuen Romanstoff in die Hände: Gestapo-Papiere über den Fall eines Widerstands in der NS-Zeit. Das Ehepaar Hampel (im Roman: Quangel) hatte Karten mit Anklagen gegen das Regime in Treppenhäusern ausgelegt, war aufgeflogen und zum Tode verurteilt worden, ohne dass ihrem Wunsch, gemeinsam zu sterben, stattgegeben worden wäre. So entsteht *Jeder stirbt für sich allein*, von den neuen kulturellen Dienststellen abgelehnt, aber vom Aufbau-Verlag durchgesetzt und für eine Verfilmung vorgesehen. Fallada hält viel von diesem Roman (»seit *Wolf unter Wölfen* wieder der erste richtige Fallada«[2]). Das letzte Werk entsteht dann als eine »Auftragsarbeit« für seinen Sohn Uli, für dessen lite-

2 Brief an Anna Ditzen vom 27. Oktober 1946.

rarischen Club an seiner Schule: *Wie ich Schriftsteller wurde*, sein literarisches Vermächtnis.

Aber die Zeit nach dem Krieg ist eine einzige Krise, Fallada verbringt die meiste Zeit in Kliniken bzw. Entzugsanstalten. Am 5. Februar 1947 stirbt er mit 53 Jahren. In der »Ostzone«, seit 1949 der Deutschen Demokratischen Republik, wird nicht zuletzt dank der Initiative von Johannes R. Becher sein Erbe bewahrt. Der Aufbau-Verlag startet unter der Leitung von Günter Caspar ab 1956 eine zehnbändige Auswahl – nicht ohne Eingriffe im Sinne der neuen Staatsführung. Aber auch international ist der spätere Erfolg enorm. Fallada wird in Feuilletons US-amerikanischer Zeitungen und mehr noch weltweit als literarische Wiederentdeckung gefeiert, die englischsprachige Ausgabe von *Jeder stirbt für sich allein* (*Alone in Berlin*) 2009 ein Bestseller, den man in Supermärkten kaufen kann. Das Gefängnistagebuch, nun unter dem Titel *In meinem fremden Land*, bringt es in Israel zum Bestseller. Nach und nach erscheinen auch unbearbeitete Originalfassungen, *Der eiserne Gustav* ohne »Nazi-Schwanz« 2019.[3]

3 Hans Fallada: *Der eiserne Gustav*, hrsg. und mit einem Nachw. von Jenny Williams, Berlin 2019. Das umfangreiche Nachwort berichtet penibel nicht nur über die Eingriffe der Nazis, sondern auch über die Streichungen in der ansonsten verdienstvollen Ausgabe von Günter Caspar im Aufbau-Verlag aus dem Jahre 1962.

Fallada, Schach spielend

Ob man ein Fazit ziehen kann? Fallada selbst hat in einem Brief an einen Leser 1932 das Stichwort von der »Anständigkeit« ins Spiel gebracht,[4] von einer »Bewahrung von Humanität« oder auch »Zivilisiertheit« angesichts der »Unerbittlichkeit des Lebens«, der »sozialen und politischen Katastrophen«. So stößt

4 Peter Walther hat die Stelle entdeckt: *Hans Fallada. Die Biographie*, S. 199.

man immer wieder mitten in den Brutalitäten des »Milieus« auf Verweigerungshaltung und Widerstandsgeist. Die Leser haben es Fallada immer gedankt, sich mitreißen lassen von der unerhörten Fülle des Erzählens, die mit ihrer Detailsättigung die dramatischen Zeiten von der Weimarer Republik bis zur Nazidiktatur und der Befreiung davon wie in einem Brennspiegel bündelt und plastisch vor unserem Auge erstehen lässt.

Dieses Büchlein verantworten zwei Autoren, die sich seit frühesten Kindheitstagen kennen und nach 70 Jahren gelegentlich wieder zusammen Schach spielen wie früher. Der fünf Monate ältere Günter Wallraff wurde Deutschlands bekanntester Enthüllungsautor, Karl-Heinz Göttert Germanistikprofessor. Beide wohnen in Fahrradentfernung in Köln. Bei ihren Gesprächen kam einmal beiläufig eine Gemeinsamkeit heraus: Sie waren früh Leser von Hans Falladas Romanen, für Wallraff eine Art Inspiration für Sozialrealismus, für Göttert ein kleiner Protest gegen Fachroutinen. So fiel es nicht schwer, alte Vorlieben noch einmal neu zu hinterfragen.

I
Bewerbungen zwecklos –
dank Lügen erfolgreich

Kleiner Mann – was nun? (1932)

Aus Teil II: »Berlin«, Kapitel »Jachmann lügt, Fräulein Semmler lügt, Herr Lehmann lügt, und Pinneberg lügt auch, aber jedenfalls bekommt er eine Stellung und einen Vater obendrein«: Johannes Pinneberg hat seine Freundin, die Verkäuferin Emma »Lämmchen« Mörschel, geheiratet und wird kurz vor der Geburt des gemeinsamen Kindes arbeitslos. Inmitten einer verlogenen Gesellschaft führt eine Bewerbung nur mit sehr viel Glück zum Erfolg.

Vor dem Schaufenster »Knaben- und Jünglingsbekleidung« von Mandel hat Herr Jachmann Pinneberg erwartet.

»Also da sind Sie ja. Sehen Sie nur nicht so besorgt aus. Alles in schönster Ordnung. Ich habe dem Lehmann ein Loch in den Bauch geredet, nun ist er ganz wild auf Sie. – Haben wir Sie heute Nacht sehr gestört?«

»Ein bisschen«, sagt Pinneberg zögernd. »Wir sind es noch nicht gewöhnt. Aber vielleicht war es auch von der Reise. Muss ich jetzt nicht zu Herrn Lehmann rein?«

»Ach, lassen Sie doch den dussligen Lehmann warten! Der ist froh, wenn er Sie kriegt. Ich habe ihn natürlich auch hübsch ansohlen müssen – wer stellt denn heute einen Menschen ein? Wenn er was von Ihnen wissen will, wissen Sie eben gar nichts.«

»Vielleicht sagen Sie mir, was Sie ihm erzählt haben? Ich muss doch Bescheid wissen.«

»I wo, keine Bohne! Warum müssen Sie denn?! Sie können doch gar nicht lügen, das sieht man doch. Nee, Sie wissen von nichts. – Kommen Sie noch ein bisschen rüber ins Café …«

»Nein, ich möchte jetzt nicht …«, beharrt Pinneberg. »Ich möchte jetzt Gewissheit haben. Es ist doch für meine Frau und mich so wichtig …«

»Wichtig! Zweihundert Mark Gehalt … Na ja, na ja, gucken Sie bloß nicht so, böse habe ich es nicht gemeint. Hören Sie, Pinneberg«, sagt der große Jachmann und legt dem kleinen Pinneberg ganz sanft die Hand auf die Schulter. »Ich steh ja hier nicht umsonst und red Unsinn, Pinneberg …«, sagt Jachmann und sieht Pinneberg sehr an, »es stört Sie doch nicht, dass ich mit Ihrer Mutter befreundet bin?«

»Nein, nein …«, sagt Pinneberg sehr gedehnt und wäre lieber woanders.

»Sehen Sie«, sagt Jachmann, und seine Stimme klingt wirklich sehr nett. »Sehen Sie, Pinneberg, ich bin so, ich muss über alles reden. Andere hätten vielleicht vornehm geschwiegen und hätten gedacht, was gehen mich die jungen Drecker an! Ich seh ja, es stört Sie. Muss Sie nicht stören, Pinneberg, sagen Sie das auch Ihrer Frau ... Nee, ist nicht nötig, Ihre Frau ist anders wie Sie, habe ich gleich gesehen ... Und wenn Pinneberg und ich Krach miteinander haben, dann denken Sie sich nichts dabei, das gehört bei uns dazu, ohne das ist es langweilig ... Und dass Pinneberg hundert Mark für die Mottenkammer von Ihnen haben will, das ist Unsinn, geben Sie ihr bloß nicht das Geld, das verjuxt sie nur. Über die Abendgesellschaften dürfen Sie sich auch nicht den Kopf zerbrechen, das ist so und bleibt so, wenn die Dummen nicht alle werden ... Und noch eins, Pinneberg ...«, und jetzt ist der große Schwadroneur ganz liebevoll und Pinneberg trotz aller Abneigung entzückt und begeistert, »noch eins, Pinneberg. Sagen Sie Ihrer Mutter nicht so bald, dass Sie ein Kind erwarten. Ihre Frau natürlich, meine ich. Das ist für Ihre Mutter das Schlimmste, schlimmer noch als Ratten und Wanzen, hat sicher keine guten Erfahrungen mit Ihnen gemacht. Sagen Sie nichts. Leugnen Sie. Hat ja noch Zeit. Ich will sehen, dass ich es ihr beibringe. – Die Seife klaut er doch noch nicht beim Baden?«

»Wieso? Die Seife?«, fragt Pinneberg verwirrt.

»Nun ...«, grinst Jachmann. »Wenn der Sohn beim Baden rauslangt und der Mutter die Seife aus der Wanne klaut, dann geht es nämlich bald los. – Auto! He, Auto!«, brüllt der Riese plötzlich. »Ich muss ja seit einer halben Stunde auf dem Alex sein, die Brüder werden mir zeigen, wie viel Zinken die Harke hat.« Schon im Wagen: »Also zweiter Hof rechts. Lehmann. Sagen Sie gar nichts. Und Hals- und Beinbruch. Und Handkuss für die junge Frau! Weidmannsheil!«

Zweiter Hof rechts. Alles ist Mandel. Ach Gott, das ist ein großes Warenhaus, noch nicht ein Zehntel so groß war je ein Betrieb, in dem Pinneberg bis dato gearbeitet, noch nicht ein Hundertstel vielleicht. Und er schwört sich zu, zu schuften, tüchtig zu sein, alles zu ertragen, nicht aufzumucken, o Lämmchen, o Murkel!

Zweiter Hof rechts, im Parterre gleich: »Personalbüro Mandel.« Und ein anderes Riesenplakat: »Bewerbungen zurzeit zwecklos.« Und ein drittes Schild: »Ohne Anklopfen herein.« Pinneberg macht das: ohne Anklopfen herein.

Eine Barriere. Dahinter fünf Schreibmaschinen. Hinter den fünf Schreibmaschinen fünf Mädchen, jüngere, ältere. Alle fünf sehen hoch, und alle fünf sehen sofort wieder nieder und schmettern weiter: Keine hat gesehen, dass jemand reingekommen ist. Pinneberg steht eine Weile und wartet. Dann sagt er zu einer in grüner Bluse, sie sitzt ihm am nächsten: »Ach, bitte, Fräulein …«

»Bittä!«, sagt die grüne Bluse und sieht ihn empört an, als hätte er sie aufgefordert, mit ihm sofort, hier auf der Stelle …

»Ich möchte gern Herrn Lehmann sprechen.«

»Schild draußen!«

»Wie?«

»Schild draußen!!«

»Ich versteh nicht, Fräulein.«

Die grüne Bluse ist empört. »Lesen Sie's Schild draußen. Bewerbungen zwecklos.«

»Habe ich gelesen. Ich bin aber zu Herrn Lehmann bestellt. Herr Lehmann erwartet mich.«

Die junge Dame – Pinneberg findet, sie sieht wirklich sonst ganz nett und manierlich aus, ob sie aber auch zu ihrem Chef so spricht wie zu den Kollegen? –, die junge Dame sieht ihn böse an. »Zettel!«, sagt sie. Und ganz erregt: »Zettel sollen Sie ausfüllen!«

Pinneberg folgt ihrem Blick. Auf einem Pult in der Ecke liegt ein Block, ein Bleistift hängt an einer Kette. »Herr/Frau/Fräulein … möchte Herrn/Frau/Fräulein … sprechen. Zweck der Rücksprache (*genau* bezeichnen) …«

Pinneberg schreibt erst Pinneberg, dann Lehmann, beim Zweck des Besuches, der so genau bezeichnet werden soll, zögert er. Er schwankt zwischen »bekannt« und »Einstellung«. Aber beides würde sich wahrscheinlich nicht vor der gestrengen jungen Dame bewähren, und so schreibt er denn »Jachmann«.

»Bitte, Fräulein.«

»Legen Sie 'n hin.«

Der Zettel liegt auf der Barriere, die Schreibmaschinen hämmern, Pinneberg wartet.

Nach einer Weile sagt er sanft: »Fräulein, ich glaube, Herr Lehmann wartet auf mich.«

Keine Antwort.

»Fräulein, bitte!«

Die Dame stößt einen Laut aus, etwas Unartikuliertes, so ein »Schschsch«, Pinneberg denkt sich, Schlangen zischen so.

Wenn sie alle hier so sind, die Kollegen, denkt Pinneberg trübe. Und wartet weiter.

Nach einer Weile kommt dann ein Kontorbote in grauer Uniform herein.

»Zettel!«, sagt das junge Mädchen.

Der Bote nimmt den Zettel, liest ihn, betrachtet Pinneberg und verschwindet.

Nein, dieses Mal braucht Pinneberg nicht mehr sehr lange zu warten. Der Bote erscheint wieder, sagt ganz manierlich: »Herr Lehmann lässt bitten!«, und führt ihn durch die Schranke, über einen Gang, in ein Zimmer.

Es ist noch nicht Lehmanns Zimmer. Aber es ist Lehmanns Vorzimmer.

Hier sitzt eine ältliche Dame mit gelblichem Teint, das ist die Privatsekretärin, denkt erschauernd Pinneberg. Und die Dame sagt mit leidender, trauriger Miene: »Setzen Sie sich bitte. Herr Lehmann ist noch beschäftigt.«

Pinneberg setzt sich. Es ist ein Vorzimmer mit sehr vielen Aktenschränken, die Rolljalousien sind alle hochgeschoben, die Schnellhefter liegen in Stößen, blau, gelb, grün, rot. Jeder Schnellhefter hat sein Schwänzchen, und Pinneberg liest auf den Schwänzchen Namen, Fichte liest er, dann Filchner, dann Fischer.

Das sind die Namen von den Kollegen, denkt er, Personalakten, denkt er. Manche sind ganz dünn, manche Schicksale sind mitteldick, ganz dicke Personalschicksale gibt es nicht.

Das ältliche gelbe Fräulein geht hin und her. Sie nimmt einen Durchschlag, sieht ihn leidend an, seufzt, locht ihn. Sie nimmt eine Akte, sie legt den Durchschlag hinein. Ist es eine Kündigung oder eine Gehaltserhöhung? Steht in dem Brief, dass Fräulein Bier freundlicher zur Kundschaft sein muss?

Ach vielleicht, denkt Pinneberg, muss das ältliche, gelbe Fräulein schon morgen, schon heute Nachmittag eine Personalakte anlegen: Johannes Pinneberg. Möchtest du doch! Das Telefon schnarrt. Das ältliche Fräulein nimmt eine Akte, legt den Brief hinein, das Telefon schnarrt, wieder die Schiene hinein, die Akte ins Fach, das Telefon schnarrt. Das Fräulein nimmt den Hörer und sagt mit seiner leidenden, gelben Stimme: »Hier das Personalbüro. Ja, Herr Lehmann ist da. – Wer möchte ihn sprechen? Herr Direktor Kußnick? – Ja, bitte, wollen Sie Herrn Direktor Kußnick an den Apparat rufen! Ich verbinde dann mit Herrn Lehmann.«

Kleine Pause. Vornübergebeugt lauscht das Fräulein in den Apparat, sie scheint den Widerpart am anderen Ende der Strippe gewissermaßen zu sehen, ein ganz zartes Rot färbt ihre blassen Wangen. Ihre Stimme ist immer noch leidend, aber ein ganz klein bisschen scharf, als sie sagt: »Ich bedaure, Fräulein, ich darf Herrn Lehmann erst verbinden, wenn der Anrufer am Apparat ist.«

Horchpause. Ein ganz klein wenig noch schärfer: »Sie dürfen Herrn Direktor Kußnick erst verbinden, wenn Herr Lehmann am Apparat ist?« Pause. Stolz: »Ich darf Herrn Lehmann erst verbinden, wenn Herr Direktor Kußnick am Apparat ist.« Nun geht es rascher, der Ton wird schärfer: »Bitte, Fräulein, Sie haben angerufen!« – »Nein, Fräulein, ich habe meine Vorschriften.« – »Bitte, Fräulein, ich habe für so was keine Zeit.« – »Nein, Fräulein, erst muss Herr Kußnick am Apparat sein.« – »Bitte, Fräulein, sonst hänge ich jetzt ab.« – »Nein, Fräulein, das habe ich oft genug erlebt, nachher spricht Ihr Herr auf einem andern Apparat. Herr Lehmann kann nicht warten.«

Sanfter: »Ja, Fräulein, ich sagte Ihnen doch, Herr Lehmann ist hier. Ich verbinde dann sofort.« Pause. Dann ganz andere Stimme, leidend, sanft: »Herr Direktor Kußnick…? Ich verbinde mit Herrn Lehmann.« Hebeldrückend, im Flötenton: »Herr Leh-

28

mann, Herr Direktor Kußnick ist am Apparat. – Wie bitte?« Sie horcht mit ihrem ganzen Leibe. Schwerkrank: »Jawohl, Herr Lehmann.« Hebeldrückend: »Herr Direktor Kußnick? Ich höre eben, dass Herr Lehmann zu einer Besprechung gegangen ist. Nein, ich kann ihn nicht erreichen. Er ist momentan nicht im Hause. – Nein, Herr Direktor, ich habe nicht gesagt, dass Herr Lehmann hier ist, da muss sich Ihre Dame irren. Nein, ich kann nicht sagen, wann Herr Lehmann zurückkommt. Bitte, nein, so was habe ich nicht gesagt, da irrt sich Ihre Dame. Guten Morgen.«

Sie hängt ab. Sie ist weiter leidend, gelblich, mit einem ganz klein bisschen Rot. Sie scheint Pinneberg etwas aufgekratzter, als sie nun weiter ablegt, Blätter in Personalakten.

Scheint ihr gut zu tun, so ein bisschen Stunk, denkt Pinneberg. Freut sie wohl, wenn die Kollegin bei Kußnick ein bisschen was aufs Dach kriegt. Hauptsache, sie sitzt sicher.

Das Telefon schnarrt. Zweimal. Scharf. Die Akte fliegt aus der Hand zur Erde, das Fräulein hängt am Apparat. »Ja, bitte, Herr Lehmann? Jawohl. Sofort.« Und zu Pinneberg: »Herr Lehmann lässt bitten.«

Sie öffnet die braune gepolsterte Tür vor ihm.

Gut, dass ich das alles noch gesehen hab, denkt Pinneberg, während er durch die Tür geht. Mächtig devot sein. Möglichst wenig reden. Jawohl, Herr Lehmann. Zu Befehl, Herr Lehmann.

Es ist ein Riesenzimmer, die eine Wand fast nur Fenster. Und an diesem Fenster steht ein Mammutschreibtisch, auf dem nichts ist wie ein Telefon. Und ein gelber Mammutbleistift. Kein Stück Papier. Nichts. Auf der einen Seite des Schreibtisches ein Sessel: leer. Auf der anderen Seite ein Rohrstühlchen – darauf, das muss Herr Lehmann sein, ein gelber, langer Mann mit einem Gesicht voller Querfalten, einem schwarzen Bärtchen und einer kränklichen Glatze. Sehr dunkle, runde, stechende Augen.

Pinneberg bleibt vor dem Schreibtisch stehen. Seelisch hat er gewissermaßen die Hände an der Hosennaht, und den Kopf hat er ganz zwischen den eingezogenen Schultern, um nicht zu groß zu sein. Denn Herr Lehmann sitzt ja nur pro forma auf einem Rohrstühlchen, eigentlich müsste er, den Abstand richtig zu kennzeichnen, auf der obersten Sprosse einer Stehleiter sitzen.

»Guten Morgen«, sagt Herr Pinneberg sanft und höflich, und macht eine Verbeugung.

Herr Lehmann sagt nichts. Aber er erfasst den Mammutbleistift, stellt ihn senkrecht.

Pinneberg wartet.

»Sie wünschen?«, fragt Herr Lehmann sehr kratzig.

Pinneberg ist direkt vor den Magen geschlagen, Tiefschlag.

Kleiner Mann – was nun?
Einbandgestaltung von George Grosz, 1932

»Ich … ich dachte … Herr Jachmann …« Dann ist es wieder alle, die Luft gänzlich weg.

Herr Lehmann besieht sich das. »Herr Jachmann geht mich gar nichts an. Was *Sie* wollen, will ich wissen.«

»Ich bitte«, sagt Pinneberg und spricht ganz langsam, damit ihn die Luft nicht wieder im Stich lässt, »um die Stellung eines Verkäufers.«

Herr Lehmann legt den Bleistift lang hin. »Wir stellen niemanden ein«, sagt er entschieden. Und wartet.

Herr Lehmann ist ein sehr geduldiger Mensch. Er wartet immer noch. Und schließlich sagt er und stellt den Bleistift wieder aufrecht: »Und was ist noch?«

»Vielleicht später …?«, stammelt Pinneberg.

»Bei so 'ner Konjunktur!«, sagt Lehmann wegwerfend.

Stille.

Also kann ich gehen. Wieder reingerasselt. Armes Lämmchen! denkt Pinneberg. Er will Adieu sagen. Da sagt Herr Lehmann: »Zeigen Sie mal Ihre Zeugnisse her.«

Pinneberg breitet sie hin, seine Hand zittert ganz ehrlich, er hat ganz ehrlich Angst. Was Herr Lehmann hat, das weiß man nicht, aber Warenhaus Mandel hat auch an die tausend Angestellte, und Herr Lehmann ist der Personalchef, also ein großer Mann. Vielleicht hat Herr Lehmann Spaß.

Also Pinneberg breitet zitternd seine Zeugnisse aus: das Lehrzeugnis, dann das von Wendheim, dann das von Bergmann, dann das von Kleinholz.

Die Zeugnisse sind alle sehr gut. Herr Lehmann liest sie sehr langsam, sehr ungerührt. Dann schaut er hoch, er scheint nachzudenken. Vielleicht, vielleicht …

Herr Lehmann spricht: »Tja, Düngemittel führen wir nicht.«

So, da hat er es! Und natürlich ist Pinneberg nichts wie ein Trottel, er kann nur stammeln: »Ich dachte auch … eigentlich Herrenkonfektion … das war nur zur Aushilfe …«

Lehmann genießt es. Es ist so gut, dass er wiederholt: »Nein, Düngemittel führen wir nicht.« Er setzt hinzu: »Auch nicht Kartoffeln.«

Er könnte ja nun auch von Getreide und Sämereien reden, all das steht auf Emil Kleinholzens Briefbogen, aber schon die Kartoffeln kamen nicht mehr ganz befriedigend heraus. So sagt er nur brummig: »Wo haben Sie denn Ihre Angestelltenversicherungskarte?«

Was soll das alles? denkt Pinneberg. Wozu will er meine Karte? Will er mich nur quälen? Und er legt die grüne Karte hin.

Herr Lehmann betrachtet sie lange, die Marken sieht er an, er nickt ein wenig.

»Und Ihre Lohnsteuerkarte.«

Pinneberg gibt auch die hin, und auch sie wird genau angesehen. Dann ist wieder eine Pause, damit Pinneberg hoffen darf und verzweifelt sein darf und wieder hoffen darf.

»Also«, sagt Herr Lehmann abschließend und legt die Hand auf die Papiere. »Also wir stellen keine neuen Kräfte ein. Wir dürfen es gar nicht. Denn wir bauen die alten ab!«

Schluss. Aus damit. Dies war das Endgültige. Aber Herrn Lehmanns Hand bleibt auf den Papieren liegen, nun legt er sogar noch den gelben Mammutbleistift über sie.

»Immerhin …«, sagt Herr Lehmann. »Immerhin dürfen wir Kräfte aus unsern Filialen übernehmen. Besonders tüchtige Kräfte. Sie sind doch eine tüchtige Kraft?«

Pinneberg flüstert etwas. Keinen Protest. Es genügt Herrn Lehmann aber.

»Sie, Herr Pinneberg, werden aus unserer Filiale in Breslau übernommen. Sie kommen aus Breslau, nicht wahr?«

Wieder Flüstern, wieder ist Herr Lehmann genügsam.

»Auf der Abteilung Herrenkonfektion, wo Sie arbeiten werden, stammt zufällig keiner der Herren aus Breslau, nicht wahr?«

Pinneberg murmelt.

»Gut. Sie fangen morgen früh an. Sie melden sich

um acht Uhr dreißig bei Fräulein Semmler, hier nebenan. Sie unterschreiben dann den Vertrag und die Hausordnung, und Fräulein Semmler sagt Ihnen Bescheid. Guten Morgen.«

»Guten Morgen«, sagte auch Pinneberg und verbeugt sich. Er geht rückwärts zur Tür. Schon hat er die Klinke in der Hand, da flüstert Herr Lehmann, er flüstert es durch das ganze Gemach: »Grüßen Sie Ihren Herrn Vater bestens. Sagen Sie Ihrem Herrn Vater, ich habe Sie engagiert. Sagen Sie Holger, am Mittwochabend wäre ich frei. Guten Morgen, Herr Pinneberg.«

Und ohne diese Schlusssätze hätte Pinneberg gar nicht gewusst, dass Herr Lehmann auch lächeln kann, etwas verkniffen, aber immerhin lächeln.

II

Das schwierige Leben in der Welt –
und das bessere im Kittchen

Wer einmal aus dem Blechnapf frißt (1934)

*Aus Kapitel 1: »Reif zur Entlassung«: Willi Kufalt sin-
niert 48 Stunden vor seiner Haftentlassung über das ge-
regelte Leben drinnen und das künftige draußen.*

Zurück in seiner Zelle, fällt Willi Kufalt zusammen.
So geht's ihm immer. Wenn er mit anderen zusammen ist, redet er, erzählt er, gibt an, ist der große Ga-
nove und allerfahrene Knastschieber, aber allein mit
sich ist er sehr allein, wird klein und verzagt.

›Hätte nicht so sein sollen zu Wachtmeister Stei-
nitz‹, denkt er. ›Gemein war das. Bloß damit die grünen Jungens, die Stubben, sehen, dass ich ihn in der
Tasche habe. Es lohnt nicht, alles mache ich ver-
kehrt – wie wird's draußen gehen?‹

Wenn der Schwager doch erst schriebe –! Aber
so ... da ist die Welt draußen, all diese Städte und die
Zimmer, von denen man eines mieten muss, und die
Arbeitsstellen und das Geld, das viel zu schnell alle
wird – und was dann?

Er starrt vor sich hin. Keine achtundvierzig Stunden trennen ihn vom Entlassungstermin, den er so

heiß herbeigesehnt hat seit fünf Jahren. Nun ist ihm angst. Hier ist er gern gewesen, er hat sich rasch gefunden in den Ton und die Art, er hat schnell gelernt, wo man demütig sein muss und wo man frech werden kann. Seine Zelle ist immer blank gewienert gewesen, sein Kübeldeckel hat stets geglänzt wie ein Spiegel, und den Zementboden seiner Zelle hat er zweimal die Woche mit Graphit und Terpentin geputzt, dass er geschimmert hat wie ein Affenarsch.

Sein Pensum hat er immer gestrickt, oft zwei, manchmal sogar drei, er hat sich Zusatzlebensmittel kaufen können und Tabak. Er ist in die zweite Stufe gekommen und in die dritte, ein vertrauenswürdiger Mustergefangener, in dessen Zelle die Kommissionen geführt wurden und der stets angemessen und bescheiden geantwortet hat.

»Ja, ich fühle mich sehr wohl hier, Herr Geheimrat.«

»Nein, ich merke, es tut mir gut, Herr Oberstaatsanwalt.«

»Nein, ich habe über nichts zu klagen, Herr Präsident.«

Aber manchmal – jetzt grinst er, er denkt daran, wie er den kleinen Studentinnen, die Wohlfahrtsfürsorgerinnen werden wollten und ihn so gierig nach seiner Straftat fragten, wie er denen demütig statt Unterschlagung und Urkundenfälschung geantwortet hat: »Blutschande. Hab mit meiner Schwester geschlafen. Leider.«

Er denkt an das entzückt über diesen Witz grinsende Gesicht des Polizeiinspektors und an die eine Studentin, die ihm mit flammendem Blick immer dichter auf den Leib rückte. Nettes Mädchen, hat ihm guten Stoff für manches Einschlafen geliefert.

Und die feine Zeit, als er beim katholischen Pfaffen immer den Altar rüsten musste, trotzdem der sich heftig gegen einen ›Evangelischen‹ gewehrt hatte. Aber es gab ›keine vertrauenswürdigen Katholiken‹ im Bau, das war ein Hieb der evangelischen Beamten gegen den katholischen Pfarrer.

Wie er da hinter der Orgel gestanden und Luft in die Bälge gepustet hatte, und der Kantor gab ihm jedes Mal eine Zigarre, und einmal war der katholische Kirchenchor oben, und die Mädels schenkten ihm Schokolade und feine Toilettenseife. Hinterher nahm sie ihm freilich der Hauptwachtmeister Rusch wieder ab. »Puff! Puff!«, hatte er in Kufalts Zelle geschnuppert, »riecht hier wie Puff.« Und hatte so lange gesucht, bis er sie gefunden hatte und die olle Sodaseife wieder Trumpf war.

Nein, eine gute Zeit hatte er gehabt, alles in allem, eigentlich kam die Entlassung etwas Hals über Kopf. So recht vorbereitet war nichts, er würde ganz gerne noch so sechs oder acht Wochen bleiben, sich auf die Entlassung rüsten. Oder war es, dass er auch schon meschugge war, zu spinnen anfing –? Er hatte es ja hundertmal erlebt, die Vernünftigsten, die Ruhigsten wurden kurz vor der Entlassung durchgedreht, fingen an zu spinnen. War er auch so weit?

Beim nächtlichen Radiohören unterhalten sich die Insassen über das Leben in Freiheit und die Aussichten auf etwas Glück.

Abends um acht Uhr hat die dritte Stufe ihren allwöchentlichen Radioabend. Es ist schön still im Bau, die paar Wachtmeister vom Nachtdienst schlurren auf Filzlatschen herum und schließen die schon für die Nacht versperrten Zellen der Leute von der dritten Gruppe vorsichtig und leise noch einmal auf. Und sachte gehen die runter zum Schulzimmer, denn nichts ist schlimmer als ein Gefängnis, das nachts in Lärm gerät. Sind die Gefangenen erst einmal in ihrer kostbaren Nachtruhe gestört, dann hört das Schreien und Toben und Brüllen überhaupt nicht wieder auf.

Im Schulzimmer sammeln sich die Zwölf, es ist noch ziemlich taghell, der Schuster hantiert schon am Radio.

»Was gibt's denn?«, fragt Kufalt, aber der Schuster ist noch von Mittag her böse und antwortet nicht.

Dafür sagt Batzke, der lange Batzke, der über nackte Mädchenschönheiten gebietet und der die Heizkessel der Anstalt versorgt: »'ne Oper, von Verdi. Willste zuhören?«

»Nee, nur nicht. Warum die am Abend nie was Humoristisches machen, versteh ich nicht. Könnten doch auch mal an 'nen Gefangenen denken.«

Aber Batzke leiert seinen alten Vers: »Warum sollen die an uns denken? Sind froh, dass sie nicht an uns zu denken brauchen. Heilfroh, dass sie uns los sind, Vieh, das wir sind.«

Das Radio hat eingesetzt und die beiden gehen den langen Gang neben den Schulbänken auf und ab.

»Hast du Tabak? Au, Mensch, Batzke, wo kriegst du nur immer den feinen Tabak her? Ich habe hier ja auch was gelernt von Schieben, aber so wie du …«

»Wenn du erst vierzehn Jahre Knast abgerissen hast wie ich«, sagt der sechsunddreißigjährige Batzke, »kennst du den Laden auch schon besser.«

»Nur nicht!«, ruft Kufalt. »Lieber tot!«

»Das sag man nicht«, tröstet Batzke. »Dafür ist die Zeit draußen umso schöner.«

»Nee, danke, ich werde jetzt solide.«

»Mach bloß so was nicht«, warnt Batzke. »Du hältst es ja doch nicht durch. Da strampelst du dich zwei Monate ab oder drei oder fünf, und schiebst Kohldampf und rennst dich um nach Arbeit. Und vielleicht kriegst du wirklich Arbeit und schuftest dich tot, dass sie dich nur behalten. Aber dann kommt's doch irgendwie raus, dass du gesessen hast, und der Chef befördert dich an die Luft oder die Kollegen – die sind immer die schlimmsten – wollen mit so 'nem Verbrecher nicht arbeiten. Hab ich alles versucht. Aber wenn du dann mürbe bist und hast drei Tage nichts gefressen und fasst was an und gehst hoch dabei, gleich sagen sie: ›Das haben wir uns doch gedacht. Gut, dass wir den damals gleich rausgeschmissen haben.‹ So sind die und wenn du schlau bist, dann hörst du auf mich und fängst gar nicht erst so was an wie Solidwerden. Dann machste mit mir mit.«

»Aber man wird geschnappt und kommt wieder ins Kittchen.«

»Nicht so leicht, wenn man ausgeruht ist und Geld hat. Immer wenn man Kohldampf hat und Angst, und Geld kriegen muss. – Irgendwann fassen sie einen natürlich doch, aber bei mir wird das seine Weile haben.«

»Aber es gibt doch welche, die kommen nicht wieder rein?«

»Wer denn? Wer denn? Sag doch, wie lange schiebst du Knast? Wie viel Leute hast du schon wiederkommen sehen in der Zeit? – Na also! Und die nicht hierher wiedergekommen sind, die schieben jetzt woanders Knast. Ich dreh mein nächstes Ding auch nicht wieder in Preußen, ich geh mit 'nem Stadtplan brechen in Hamburg, dass ich nur nicht über die Grenze nach Altona gerate. Knast in Fuhlsbüttel ist viel besser als in Preußen, da kann schon die zweite Stufe Fußball spielen.«

»Ich mag aber nicht brechen gehen. Hab keinen Mumm für so was.«

»Sollst du auch nicht, mein Junge. Weiß ich doch selber. Wie wirst du mit solchen Ärmchen brechen gehen? Nee, auf so einen wie dich habe ich schon lange gewartet. Du bist doch fein, kennst die Fremdwörter und ein bisschen Englisch Parlewuh, du ahnst ja nicht, wie einem so was fehlt. Ich mach auch lieber was anderes, als auf Bruch gehen.«

Kufalt fühlt sich geschmeichelt.

»Ich hab gelernt und gelernt«, erzählt Batzke weiter, »aber den richtigen Dreh krieg ich doch nicht raus. Eine Weile lang hab ich mal in Heiratsschwindel gemacht, das Risiko ist nicht so groß und du brauchst kein Geld auszugeben für die Nutten, aber glaubst du, e i n besseres Mädchen hab ich gekriegt –? Ich hab so aufgepasst, wie's gemacht wird, auf der Rennbahn und in der Bar, und die Fingernägel hab ich mir manikürt – nichts. Die feinen Kavaliere sind mit den großen Kallen abgezogen, und wenn ich meine besah, dann waren's immer ein Dienstbolzen oder höchstens 'ne Stütze, mit ein paar hundert Erspartem, es lohnte nicht.«

»Richtiges Benehmen könnte ich dir schon zeigen.«

»Siehst du, das ist es, was einen wurmt. Ich versteh alles, ich kann 'nen Geldschrank knacken mit 'nem Schneidbrenner, wie nur einer. Aber immer krieg ich nur die kleinen Sachen, die andern gehen mit den großen über den Harz. So was wurmt einen, wenn man sein Fach versteht.«

»Aber zum Einbrechen braucht man doch keine Bildung, Walter!«

»Du hast 'ne Ahnung! In einen feinen Klub kommen als Doktor Batzke oder mit einem Luxuszug mitfahren, ohne dass gleich die Schmiere den Braten riecht, in einem hochherrschaftlichen Haus die Vordertreppe raufgehen, und der Portier hat nicht einmal die Courage, dich zu fragen, wieso und zu wem – das, sage ich dir, das musst du mir beibringen.«

»Ich glaub immer, du kannst das alles schon. Du hast sicher in deinem Leben mehr Sekt gesoffen als ich.«

»Sicher … aber eben gesoffen … aber eben mit Huren. Sekt trinken, weißt du, und dabei 'ne Unterhaltung führen mit 'ner richtigen Dame und ihr nicht schon nach dem dritten Glas in den Ausschnitt fassen – so was will ich lernen!«

Sie gehen auf und ab. Alle unterhalten sich, rauchen, streiten, ein Paar im Winkel spielt Schach. Verdis Melodien gehen unter in dem Gelärm.

Walter Batzke fängt an zu schwärmen: »Mensch, ich sage dir, wir wollen es fein haben! Wenn wir jetzt rauskommen, haben wir beide Geld, da wird gelebt, sage ich dir. Was du in der ersten Nacht tust, weißt du?«

»Nee! Was tue ich da?«

»Nichts weißt du! Eine feine Nutte freist du dir auf der Reeperbahn oder in der Freiheit und gehst mit ihr auf ihre Bude. Und wenn sie anfängt von Marie und Abladen und so, dann haust du deinen Entlassungsschein auf den Tisch und sagst: ›Mädchen, heute blechst mal du! Fahr Sekt auf!‹«

»Die wird mir schön auf den Kopf spucken.«

»Das weiß er nicht! Nicht mal das weiß er! Die erste Nacht nach dem Knast ist bei allen Huren in Hamburg frei. Das ist so. Das kannst du mir glauben. Da schließt sich keine aus.«

»Wirklich?«

»Ehrenwort! – Na, und am Sonntag komme ich dann ja nach.«

Aus Kapitel 5: »Schreibstube Cito-Presto«: Kufalt hat Liese im Zimmer, verliert sie, träumt von ihr und der Möglichkeit, durch einen kleinen Diebstahl wieder in den Knast zu kommen – bis Liese ihn aufsucht und aufmuntert.

»Sie werden wohl unsolide, Herr Kufalt?«, fragt Liese.

Sie steht auf dem dunklen Vorplatz, es ist zehn Uhr nachts, er ahnt ihr Gesicht mehr, als dass er es sieht. Deutlich aber hört er den Spott in ihrer Stimme.

»Ja«, sagt er kurz und geht in sein Zimmer.

»Sie sind wohl noch böse mit mir?«, lacht sie und folgt ihm.

Er tritt ein, knipst das Licht an, legt seine Mappe auf einen Stuhl und zieht das Jackett aus.

»Ich bin müde, Fräulein Behn«, sagt er. »Ich möchte gleich schlafen gehen.«

Er wagt nicht mehr als einen flüchtigen Blick auf sie, die unter der Tür steht. Sicher hat sie schon im Bett gelegen, sie hat einen Bademantel an, ein helles, fröhliches Ding aus Weiß und Gelb, ihre Beine sind bloß, ihre Füße sind in kleinen, blauen Schuhchen.

»Männer …«, sagt sie, »sind komisch. Sie denken, wenn sie einmal mit einer Frau geschlafen haben, haben sie das Recht auf immer.«

Ihm wird heiß. Er spürt es schon wieder, wie eine glühende Wolke von ihr zu ihm. Aber er will nicht – wie hat Maack gesagt? ›Und einen Monat keine Mädchen. Einen Monat Bewährungsfrist.‹ Und natürlich: Heute kommt sie, am ersten Tag dieses neuen Monats – Quälerin, die!

»Ich denke gar nichts«, sagt er böse. »Ich bin müde, ich habe den ganzen Tag schwer gearbeitet, ich will schlafen gehen – allein.« Er besinnt sich, will einhalten, und dann kommt doch wieder die rote Welle über ihn, er sieht sie an: »Außerdem haben Sie nicht mit mir geschlafen, sondern mit Beerboom.«

»Ziehen Sie sich ruhig aus«, sagt sie. »Sie werden sich doch nicht vor mir genieren?!«

»Nein«, sagt er und setzt sich in einen Stuhl am Fenster, so dass er sie nicht sieht.

Ja, Stille. Ja, nichts.

Draußen die Gleise glänzen im Licht, die Laternen sind da, bald rot, bald grün, die große Scheibe eines Vorsignals fällt mit einem leichten Klappen um, ein eiliger Zug fährt schlank, in seinen Kuppelungen klappernd, mit erhellten Fenstern vorbei. Ja, es ist Nacht, es ist weiche Sommernacht, da sind die Bäume unten, sie bersten vor Wachsen, alles treibt, wird voller, strömt über, als gäbe es nie Kälte, Verwelken, Ende – gibt es nicht ein Lied: ›Dies ist die Nacht der Liebe …‹ –?

Nein, nein, nein, nein, sie ist die Böse. Sie ist die Quälerin. Heute so und morgen anders. Und alle Zeit nicht zu halten … Ja, sie hat leise geraschelt, ein- oder zweimal, sicher ist sie weiter ins Zimmer gegangen – hat das sachte zugezogene Türschloss nicht geknackt? Vielleicht steht sie schon hinter ihm, vielleicht streckt sie schon ihre Hand nach seinem Haar aus, seinen Kopf zurückzubiegen zum Kuss, vielleicht kommt sie schon zu ihm – wo bleibt sie?

Diese Nacht, durch die immerzu Züge fahren, ist so still! Es ist, als hielte alles den Atem an, in einer großen Erwartung. Armes, irrendes, schwaches Herz – ein neues Leben? Warum auch war sie in jener Nacht in den Hammer Park gegangen, hatte auf derselben Bank mit ihm gesessen, bei einem andern Mann?

Aber er war nicht zu ihr gegangen! Bei ganz jemand anders hatte er gemietet. Und dann wieder, in überstürzter Hast, bei ganz jemand anders. Und dort war sie gewesen – Zufall? Und entging man diesem Zufall, der so gut Fallen stellte, nie? War alles Wehren umsonst?

Stille, ruhige Zelle.

Pensum stricken, Zusatznahrung, ein Topf mit Schmalz, ausgebraten von den Schneidern, zwei Bücher die Woche. Man könnte hinausgehen aus dem Zimmer, auf die Mönckebergstraße zum Beispiel, da ist immer Schupo, man könnte einen Schaukasten einschlagen, irgendetwas herausnehmen, eine Handtasche, einen Fotoapparat, man wurde gekitscht, und die gute große Ruhe kam, keine Probleme, keine Sorgen, kein Kampf mehr.

Rief sie nicht eben: ›Komm‹?

Nein, er kam nicht. Noch nicht, vielleicht nie.

Das hatten die andern Menschen nicht, davon wussten sie nicht, dass es solch einen Ausweg gab. Sie machten den Gashahn auf, hängten sich in eine Seilschlinge, schluckten Gift und verreckten mit aufgetriebenen Bäuchen, verdrehten Augen, im eigenen Dreck – er ging einfach hin und klaute was, und schon war er in der Ruhe, in der ewigen Geduld, in der Windstille, auf der andern Wetterseite des Lebens.

Maack wusste auch darum, Monte wusste darum, Jänsch, Oeser, Deutschmann, Fasse – jeder von ihnen! Die andern verstanden es nie. Die begriffen

47

nicht, warum Bestrafte so waren, dass die Gefängnisluft sie verändert hatte, etwas war zersetzt in ihrem Blut, das Gehirn verändert. All das Leben hier draußen war eine Sache auf Widerruf – jede Sekunde konnte man widerrufen.

Man konnte die Liese totschlagen oder auch ihre Mutter, für die andern war so etwas unausdenkbar – aber wieso denn?! Aber warum denn?! –: Für ihn war es ganz in Ordnung. Er hatte fünf Jahre mit solchen gelebt, mit Zuhältern, Mördern, Dieben – er wusste, sehr gut war so etwas zu machen, es war nicht schwieriger als tausend andere Dinge im Leben, sicher war es leichter als Aufhängen.

Sie waren so komisch, diese Menschen draußen, irgendwie kapierten sie etwas nicht, von dem jeder Bestrafte wusste. Lebensuntüchtig, verkorkst, ein Schädling, Feind der Gesellschaft – nun ja. Nun ja. Hier saß er, Willi Kufalt, um die Dreißig, aber entschlossen wie ein Vierzehnjähriger in der Pubertät, vor jedem Problem Reißaus zu nehmen. War er so gewesen? Nein, so war er geworden, so war er gemacht worden! So hatten sie ihn fertiggemacht! Du spinnst ja, die kommt aus dem Kittchen, die Redensart, im Kittchen hatten sie wohl früher gesponnen. Sie hatten weiter nichts gemacht als Spinnen, eine Arbeit, eine ganz normale Handarbeit, wenn man sie nicht in der Kittchenluft macht, aber dort eben wurde daraus: Du spinnst ja. Bei ihm, bei Kufalt musste es heißen: Du strickst ja. Er hatte fünf Jahre gestrickt. Nun strickte er. Sein Leben lang. Sein – Leben – lang.

Hatte sie nicht eben geflüstert: ›Nun komm doch endlich!‹ –? Ja, schön, er würde kommen, oder er würde auch nicht kommen, aber natürlich würde er kommen. Er tat, was ihm begegnet, was man von ihm erwartete, er würde immer tun, was man von ihm verlangte. Das hatte man ihn gelehrt, das saß fest: ›Geh durch die Tür ... Schreib heute Brief ...‹

Schönschön.

Aber jetzt saß er erst einmal hier, ganz behaglich untergebracht am Fenster. Mochte sie warten, auch er hatte warten müssen, erst fünf Jahre, dann dreieinhalbe oder vier Wochen auf die junge Dame, die ihn in seinem Bett besuchte.

Rauch und Haar und Fleisch.

Gut. Rauch und Haar und Fleisch.

Es war Unsinn, das mit der eigenen Schreibstube, er hatte Maack herumgeredet, er konnte sich einen Schwung geben, dass er sechs Schreibmaschinenhändler nacheinander überredete, ihm je eine Schreibmaschine auf die einzige Sicherheit immer des gleichen polizeilichen Meldescheins auf Raten zu verkaufen – aber sich selbst konnte er nichts vormachen. Es saß in ihm. Man schrieb Doktor mit c, man müsste ein einfaches Mädchen haben, und man hängte sich an eine Liese ...

»Du, Liese …«, sagte er.

Nichts.

Sicher war sie – wie damals – in sein Bett gekrochen, vielleicht schlief sie schon. Ach, der leichtgebogene Nacken, durch dessen Haut kaum merklich die Halswirbelknochen traten …

»Liese – liebste Liese …«

Er sieht sich um.

Natürlich, das Bett ist leer, das Zimmer ist leer, von außen wurde die Tür zugemacht.

Und er hat es gewusst, er hat es natürlich die ganze Zeit gewusst, er hat sich ein Theater vorgespielt. War es nicht beinahe sehr gut, dass sie gegangen war? Sehnsucht ist besser als Erfüllung – im Kittchen gelernt; ein Weib zu begehren ist besser, als es zu besitzen – im Kittchen gelernt; Erfüllung im Hirn ist besser als Erfüllung im Fleisch – dito Kittchen.

Einen Augenblick steht er entschlusslos in der Mitte des Zimmers, dann fängt er langsam an, sich auszuziehen. Er legt seine Wäsche säuberlich auf den Stuhl, hängt Jacke und Weste über den Bügel, macht die Hosen im Spanner fest. Er wäscht sich Gesicht und Hände, spült den Mund …

… Und er nimmt Decke und Kopfkissen aus dem Bett, mit nackten, leisen Füßen schleicht er auf den Vorplatz vor die Tür ihres Zimmers, dort legt er sein Bettzeug hin, geht noch einmal in sein Zimmer zurück, um das Licht zu löschen. Dann packt er sich hin vor ihre Tür, wickelt sich in seine Decke.

Es ist schon dunkel in ihrem Zimmer, kein Lichtschein dringt durch die Türritze, sie schläft wohl schon, kein Laut kommt aus dem Raum.

Da liegt er, er schläft nicht, durch sein Hirn und Herz geht es: ›Da liege ich, bitte, komm nicht, hebe mich nicht auf. Es ist so schön, vor dir zu liegen und verachtet zu sein‹ …

Und schließlich schläft er dann wohl ein …

Er wacht auf von ihrem Blick. Sie kniet neben ihm, sie hat den Arm unter seinen Hals geschoben, den Kopf an ihre Brust gezogen.

»O mein Lieber«, flüstert sie. »Mein Lieber – ist es so schwer?«

»Süß ist es«, flüstert er, noch halb in Traum und Schlaf. »Sehr süß ist es.«

»Es ist schon so spät, Lieber«, flüstert sie. »Du musst gleich aufstehen. Und ich muss auch fort aufs Büro. – Aber heute Abend, nicht wahr, heute Abend –?!«

»Lass es so, Liese, lass es so, Quälerin.«

»Schön soll es sein«, flüstert sie wieder. »So schön will ich es für dich machen. Nicht wahr, du wirst früh hier sein. Ich warte auf dich.«

»Lass es so. Lass es so.«

»Wirst du früh kommen? Ganz früh?«

Oh, der gute Duft aus ihrer Brust!

»Ich will sehen … so früh es geht … so früh ich immer kann …«

»Oh, du mein Liebster!«

Aus Kapitel 10: »Nord, Ost, Süd, West – to Hus best«: Kufalt ist wieder in seiner Zelle und unterhält sich mit seinem Nachbarn. Der will ihn nach der Entlassung reinlegen, aber der erfahrene Kufalt dreht den Spieß um. Und schläft zufrieden ein.

Der erste aufregende Tag mit seinem Hin und Her, mit Vorführung, Einkleidung, Zuteilung ist vorüber, Einschluss ist gewesen, und Kufalt sitzt allein in seiner Zelle 207 auf dem Bett.

Durch das Gefängnis gehen noch die üblichen, altgewohnten Abendgeräusche: Ein Bett schlägt polternd auf den Fußboden, jemand pfeift in seiner Zelle selbstvergessen vor sich hin, und der Nachbar protestiert mit Gebrüll, zwei unterhalten sich ein Stockwerk tiefer von Fenster zu Fenster, ein Kübeldeckel klappert, ein Wachhund jault auf dem Hof.

Kufalt ist in Ordnung, Kufalt ist zufrieden. Er hat eine schöne Zelle gekriegt, Material alles tadellos, die Bürsten noch so gut wie neu. Hinter dem Kübel hat er Lunte, Stein und Schnurrrädchen gefunden, braucht er also keine Streichhölzer, hat gleich was zum Verscheuern. Einen fleckenlosen Anzug hat er gefasst, auch gute Schuhe, seine Wäsche ist auch gut, das grobe Hemd kratzt noch ein bisschen, aber daran gewöhnt man sich in drei Tagen.

Mit dem Arbeitsinspektor hat er auch schon gesprochen, scheint ein netter Mann, sobald er gesundgeschrieben ist, kommt Kufalt zu den Aluminiumarbeiten. Hat die Gussnähte von den Griffen abzufeilen, die Arbeit kennt er noch nicht, das wird Spaß machen. Mal was anderes, Netze stricken gibt's in diesem Kittchen nicht.

Es dämmert rasch, er sitzt da so auf seinem Bett, in der Fußmatratze ist der Tabak untergebracht. Nun wartet er, dass er die Nachtwache vorbeilatschen hört. Sind die vorbei, kann er in aller Ruhe eine stoßen. Zu Anfang darf man nicht zu pampig sein im Bau, mit der Zeit lernt man dann schon, wo man was riskieren kann.

Morgen wird er erst einmal den Kübeldeckel wienern, der ist noch nicht so, wie er sein soll.

Für ein paar Streichhölzer kriegt er sicher Putzpomade und hat gleich einen Stein beim Hauptwachtmeister im Brett, wenn alles glänzt. Als Nächstes wird er dann die Fenster waschen, es eilt nicht, er hat alle Zeit und wird seinen Kram schon in Schuss kriegen.

Nur muss er bald arbeitsfähig geschrieben werden, sonst wird es zu langweilig auf der Zelle. Übermorgen werden erst Bibliotheksbücher ausgegeben, bis dahin muss er sich mit Bibel und Gesangbuch behelfen. Mit dem Bücherkalfaktor muss er schmusen, dass er immer ganz dicke Wälzer kriegt. Vorläufig bekommt er ja nur ein Buch, das die ganze Woche vorhalten muss, aber er rechnet bestimmt darauf, dass er in einem halben Jahr schon in die zweite Stufe, in der zwei Bücher die Woche erlaubt sind, kommt.

Wenn er auch vorbestraft ist, er wird schon seinen Schmus überall anlegen, das kann er. Das hat er gelernt. Er hat sich auch schon zum Pastor vormelden lassen, diesmal wird er nicht so dumm sein und es mit dem Pastor verderben. Das hat in seinem ganzen Leben noch nie getaugt, man muss aus seinen Dummheiten auch was lernen.

Jetzt könnten die übrigens gut kommen, die Filzlatscher, er hat strammen Hunger auf ein Stäbchen!

Aber besser ist es hier doch als draußen. Draußen hat man die Dinger so weggeraucht, sich gar nichts mehr dabei gedacht, hier – lass mal sehen, seit er aus dem Vater Philipp geklettert ist, das sind nun netto acht Stunden, hat er nicht mehr geraucht. So was hat's draußen nicht gegeben.

Und ordentlich Ruhe zum Bücherlesen hat man draußen auch nicht. Er wird sehen, dass er erst mal 'ne Reisebeschreibung kriegt. Hedin ist immer so schön dick, und manchmal ist auf den Fotos eine nackte Frauenbrust oder auch ein Bein – klappt der Laden wieder.

›Knips‹, geht es, und seine Zelle wird hell.

Er springt auf und stellt sich stramm. Der Schieber

am Spion hat geklappert, aber die Scheibe blendet. Er kann das Auge nicht sehen.

»Legen Sie sich hin, Mensch, Sie warten wohl noch aufs Kindermädchen?«

»Wäre nett, Herr Hauptwachtmeister«, grinst Kufalt die Eisentür an und macht sich sofort ans Ausziehen.

»Na, denn gute Nacht.«

»Gute Nacht, Herr Hauptwachtmeister. Danke auch schön.«

›Knips‹, geht es, und die Zelle ist wieder dunkel.

Kufalt drückt sich an die Tür und lauscht.

Er hört den Schritt weiter fort, dann drüben auf der andern Seite, und nun knarrt die Treppe, die Luft ist rein.

Er nimmt die schon gedrehte Zigarette, auch ein Streichholz – heute noch mal ein Streichholz, geht bequemer –, rückt den Tisch unters Fenster, stellt den Schemel darauf und klettert vorsichtig im Dunkeln hoch.

Dann hält er sich mit einem Arm an der Lüftungsklappe fest, brennt die Zigarette an und pafft zum Fenster hinaus.

Wie das schmeckt, o Gott, man kann sich die ganzen Lungen vollpumpen, Zigarette im Bunker ist was Herrliches, das Beste von der Welt!

»Du, Neuer«, flüstert eine halblaute Stimme.

»Ja?«, fragt er dagegen.

»Rauchst du?

»Das riechst du wohl!«

»Bring mir morgen ein bisschen Tabak zur Freistunde mit. Ich bin dein Nachbar links.«

»Mal sehen.«

»Nee, bestimmt. Ich erzähl dir auch was von unserm Stationsbullen. Dann kriegst du bald einen Druckposten.«

»Warum hast du denn keinen?«

»Och, ich komm in fünf Tagen raus.«

»Haste Schwein. Wie lange haste denn abgerissen?«

»Ganze Ecke – anderthalb Jahre.«

»Anderthalb Jahre sagst du ganze Ecke?! Ich hab sieben!«

»Na, ich weiß ja nicht … Was hast du denn ausgefressen?«

»Hab den Juwelenraub bei Wossidlo am Jungfernstieg gemacht. Wirst du ja von gehört haben.«

»Donnerwetter! Dann sind sieben Jahre billig. Hast du was gehabt vom Kies?«

»Fein, sage ich dir.«

»Du, Kumpel …«, fängt der andre an.

»Was denn?«

»Wenn ich dir 'nen Brief rausbesorgen soll, und du möchtest vielleicht Geld haben, hierher ins Kittchen, auf mich kannst du dich verlassen. Ich halte dicht. Ich verrate den Bullen nicht, wo du den Zaster hast …«

»Will ich mir mal überlegen.«

»Ich habe aber nur noch fünf Tage.«

»Ich gebe dir schon noch Bescheid. Weswegen bist du denn drin?«

»Unterschlagung …«

»Na, Mensch, ob ich dich da grade an meine Marie ranlasse …«

»Ich werd doch 'nen Kumpel nicht bestehlen, was denkst du denn von mir! Die Speckjäger, ja, immer. Aber einen Kumpel – und wo du noch sieben Jahre hast! Nicht wahr, du gibst mir einen Brief mit? Hat es deine Braut?«

»Vielleicht …«

»Hör mal zu, Genosse«, sagt der andere eifrig, »ich kann dir ja auch kaufen, was du brauchst. Ich krieg's schon rein zu dir ins Kittchen, da hab bloß keine Angst. Und Tabak brauchst du mir morgen auch nicht mitzubringen. Ich hab Tabak stief. Ich hab's nur gesagt, weil ich gedacht habe, du bist grün. Ich kann dir 'nen ganzen Schwung Tabak abgeben, auch Blättchen. Und dann habe ich ein feines Stück Toilettenseife. Sollst du auch haben …«

»Na, denn gute Nacht, Kumpel«, sagt Kufalt. »Ich hau mich in die Falle. Mit dem Brief, das beschlaf ich mir noch.«

»Tu das man, und lass dich bloß nicht mit den Kalfaktoren ein, die Brüder hauen dich glatt in die Pfanne. – Du, psst, Kumpel, bist du noch da?«

»Ja, ich gehe jetzt aber.«

»Wie viel sind's denn?«

»Na, es waren so fünfzehntausend. Zwei oder drei sind weg …«

»Mensch, Kumpel, und das hat deine Braut?! Dafür reiß ich zehn Jahre ab. Zwölf meinethalben …«

»Nacht, Kumpel.«

»Nacht, Genosse. Ich vergess deinen Tabak morgen nicht.«

Kufalt ist sachte von seinem Thron runtergestiegen, hat alles schön fortgeräumt und sich hingehauen.

Der sabbelt ihn ja tot. Aber nützlich, eine richtige doofe Nuss, die man hochnehmen kann. Der wird glotzen, wenn man ihm einen Brief mitgibt, er soll sich tausend Mark abholen, etwa bei dem feinen Maschinenfräulein auf der Schreibstube von Jauch, oder noch besser bei der Liese. Die würde ihn feste durch den Kakao ziehen.

Kufalt hat die Decke schön hoch über die Schultern gezogen, im Kittchen ist es angenehm still, er wird großartig schlafen.

Fein, wenn man wieder so zu Hause ist. Keine Sorgen mehr. Fast, wie man früher nach Haus kam, mit Vater zur Mutter.

Fast?

Eigentlich noch besser. Hier hat man ganz seine Ruhe. Hier quatscht keiner auf einen los. Hier braucht man nichts zu beschließen, hier hat man sich nicht so zusammenzunehmen.

Schön, so 'ne Ordnung. Wirklich ganz zu Haus.

Und Willi Kufalt schläft sachte, friedlich lächelnd ein.

III

Milliarden auf den Geldscheinen – und nichts zu bekommen

Wolf unter Wölfen (1937)

Aus Teil I: »Die Stadt und ihre Ruhelosen«, Kapitel 3:
»Jäger und Gejagte«: Pagel versucht sich bei von Zecke
Geld zu leihen, bekommt aber nichts.

»Also da bist du wirklich, Pagel«, sagte Herr von Zecke. »Halb und halb hatte ich dich erwartet.« Und als
Wolfgang eine Bewegung machte: »Nicht grade heute – aber du warst fällig, nicht wahr?«

Und Zecke lächelt überlegen, Wolfgang Pagel aber
ärgert sich. Ihm fällt ein, dass Zecke schon immer
diese wichtigtuerische Geheimniskrämerei liebte,
dass er schon immer dieses überlegene Lächeln gehabt hat und dass er, Pagel, sich schon immer darüber
geärgert hat. Zecke lächelte so, wenn er sich besonders schlau vorkam.

»Na, ich meine ja bloß«, grinst Zecke also. »Schließlich sitzt du ja wirklich hier bei mir – das wirst du
wohl nicht bestreiten wollen. Na, lass man. Ich weiß,
was ich weiß. Trinken wir einen Schnabus, nimm 'ne
Zigarette und schauen wir uns meine Bilder an,
was?«

Pagel hat die Bilder längst gesehen. Sie sitzen in einem großen, sehr anständig eingerichteten Gartenzimmer. Ein paar Türen zu der sonnenüberglühten Terrasse stehen offen, man sieht Sonne und Grün, aber es ist doch angenehm kühl hier drinnen. Ein schönes Licht, das durch die grünlichen Jalousien vor den Fenstern kommt, hell und dunkel zugleich und vor allem kühl.

Sie sitzen in schönen Sesseln, nicht in diesen schrecklichen, glatten, kalten Ledersesseln, die man jetzt überall sieht, sondern in tiefen, geräumigen Gehäusen, die mit irgendeinem blumigen, englischen Stoff bespannt sind – Chintz vermutlich. Bücher bis zu einem Drittel Höhe der Wand, darüber Bilder, gute moderne Bilder, Pagel hat es gleich gesehen. Aber er reagiert nicht auf Zeckes Frage, er hat schon gemerkt, dass die Atmosphäre ihm gar nicht ungünstig ist, dass dem Herrn von Zecke sein Besuch irgendwie zupasskommt. Natürlich will Zecke was von ihm, und so kann man geruhig abwarten und ein bisschen pampig sein. (Mein Geld kriege ich schon!)

Pagel zeigt auf die Bücher. »Feine Bücher. Du liest viel –?«

Aber so dumm ist von Zecke nun auch wieder nicht. Er lacht herzhaft. »Ich und lesen –?! Immer noch der kleine Schäker? Das möchtest du wohl, dass ich ja sage, und du ödest mich dann an, was in dem Nietzsche da steht!« Plötzlich ändert sich sein Gesicht, es wird nachdenklich. »Ich glaube, das ist 'ne ganz gute Kapitalanlage. Vollledereinband. Man muss ja sehen, dass man sein Geld irgendwie wertbeständig anlegt. Ich verstehe nichts von Büchern – Salvarsan ist einfacher. Aber ich habe da so einen kleinen Studenten, der berät mich …« Er denkt einen Augenblick nach, wahrscheinlich darüber, ob der kleine Student das Geld wert ist, was er ihm zahlt. Dann fragt er wieder: »Na – und die Bilder?«

Aber Pagel will einfach nicht. Er zeigt auf ein paar Plastiken, die da stehen: Apostelfiguren, eine Madonna mit dem Kind, ein Kruzifix, zwei Beweinungen. »Mittelalterliche Holzplastik sammelst du auch?«

Zecke macht ein kummervolles Gesicht. »Nicht sammeln, nein. Geld anlegen. Aber ich weiß nicht, wie es kommt, es macht mir plötzlich auch Spaß. Guck mal hier, den Burschen hier mit dem Schlüssel, Petrus, richtig. Den habe ich aus Würzburg. Ich weiß nicht, ich verstehe nichts davon, es macht ja wirklich nicht viel her, gar nicht pompös und so – aber es gefällt mir. Und dieser Leuchterengel – der Arm ist ja sicher ergänzt, glaubst du, dass ich angeschwindelt bin –?«

Wolfgang Pagel sieht von Zecke prüfend an. Zecke ist ein kleiner Mann, trotz seiner vier- oder fünfundzwanzig Jahre wird er schon rundlich und die Stirn infolge Haarschwund hoch. Auch ist er dunkel – und all dies missfällt Wolfgang. Es missfällt ihm auch, dass von Zecke an Holzplastiken Gefallen findet und dass ihm seine Bilder anscheinend wirklich anteilvolle Sorge bereiten. Zecke ist ein roher Schieber, weiter nichts, und so hat er zu bleiben. Interesse an Kunst bei ihm wirkt lächerlich und empörend. Am meisten aber empört es Wolf, dass er diesen verwandelten Zecke um Geld angehen soll. Der ist imstande und gibt es aus Anstand –! Nein, Zecke hat ein Schieber zu sein und zu bleiben, und wenn er Geld verleiht, hat er Wucherzinsen zu nehmen, sonst mag Wolfgang nichts mit ihm zu tun haben. Von einem Zecke will er kein Geld geschenkt.

So sagt denn Pagel und sieht den Leuchterengel missbilligend an: »Also jetzt sind es Leuchterengel – mit Varieténutten handelst du nicht mehr –?«

Pagel sieht sofort aus der Reaktion Zeckes, dass er es zu weit getrieben, dass er einen entscheidenden Fehler gemacht hat. Sie sind nicht mehr auf der Schule, wo man plumpe Vertraulichkeiten ertragen musste, wo sie gradezu Sport waren. Zeckes Nase wird weiß, das kennt Pagel noch von früher, während das Gesicht stark gerötet bleibt.

Aber wenn von Zecke auch immer noch nicht gelernt hat, Bücher zu lesen, sich zu beherrschen hat er gelernt (und ist in diesem Punkte Pagel weit voraus). Er scheint nichts gehört zu haben. Langsam setzt er den Leuchterengel wieder hin, streichelt noch einmal nachdenklich über den wohl ergänzten Arm und sagt: »Jaja, die Bilder. Ihr müsst auch noch ganz schöne zu Haus haben – von deinem Vater.«

Aha! Das möchtest du also! denkt Pagel tief befriedigt. Und laut sagt er: »Ja, doch, einiges sehr Gutes ist noch da.«

»Weiß ich«, sagt Zecke, gießt noch einen Schnaps ein, erst in Pagels Glas, dann in sein Glas. Er setzt sich gemütlich. »Wenn du also einmal Geld brauchst – du siehst, ich kaufe Bilder …«

Das war ein Hieb, erste Antwort auf die Frechheit eben, aber Pagel lässt sich nichts merken. »Ich glaube nicht, dass wir jetzt verkaufen.«

»Da bist du nicht ganz unterrichtet«, lächelt Zecke ihm liebenswürdig zu. »Letzten Monat erst hat deine Mutter ›Bäume im Herbst‹ nach England an die Galerie in Glasgow verkauft. Na, denn prost!« Er trinkt, lehnt sich dann zufrieden zurück und sagt harmlos: »Na ja, wovon soll denn die alte Frau schließlich leben? Was sie an Papieren hatte, ist heute doch nur Dreck.«

Zecke grinst zwar nicht, aber Pagel hat doch sehr stark das Gefühl, dass die Bezeichnung »guter Freund«, die er heute früh noch für ihn gebraucht hat, reichlich übertrieben ist. Zwei Hiebe hat Pagel weg, und der dritte wird kaum auf sich warten lassen. Richtig, eine Giftkröte war von Zecke immer gewesen, ein schlimmer Feind. Also ist es schon besser, ihm auf halbem Wege entgegenzukommen – dann ist die Sache wenigstens erledigt und vorbei. Er sagt und versucht, es so leicht wie nur möglich zu sagen: »Ich bin ein bisschen in der Klemme, Zecke. Könntest du mir mit ein wenig Geld aushelfen?«

»Was nennst du ein wenig Geld?«, fragt Zecke und betrachtet sich seinen Pagel.

»Nun, wirklich nicht viel, eine Kleinigkeit für dich«, sagt Pagel. »Was meinst du zu hundert Millionen?«

»Hundert Millionen«, sagt Zecke träumerisch. »So viel habe ich an den ganzen Varieténutten nicht verdient …«

Dritter Schlag, und diesmal scheint es Knockout gewesen zu sein. Aber so leicht lässt sich Wolfgang Pagel nicht niederschlagen. Er fängt an zu lachen, ganz herzhaft und unbekümmert zu lachen. Dann sagt er: »Recht hast du, Zecke! Großartig! Und ich bin das Kamel. Quatsche große Töne, und will mir doch Geld von dir pumpen. Werde pampig. Aber weißt du, irgendwie hat es mich gleich geärgert, wie ich hier reinkam … Ich weiß nicht, ob du das verstehst … Ich hause da in so 'ner Höhle am Alex …«

Zecke nickt, als wisse er es. »… habe gar nichts … und dann hier so rin in die Pracht! Gar nicht wie bei Neureichs und Raffkes, wirklich schön – und ich glaube auch nicht einmal, dass der Arm ergänzt ist …«

Er bricht ab und sieht prüfend auf Zecke. Mehr kann er nicht tun, mehr bringt er einfach nicht über sich. Aber als sich Zecke auch jetzt nicht rührt, sagt er: »Na schön, gib mir auch kein Geld, Zecke. Verdient habe ich das, blöd, wie ich war.«

»Ich sage ja nicht nein«, erklärt Zecke. »Ich möchte bloß mal so hören. Geld ist Geld, und du willst es doch nicht geschenkt –?«

»Nein, sobald ich kann, kriegst du es wieder.«

»Und wann kannst du?«

»Unter Umständen, wenn es gutgeht, schon morgen.«

»So«, sagt Zecke, nicht sonderlich begeistert. »So. – Na, trinken wir noch einen Schnabus. – Und wozu brauchst du das Geld –?«

»Ach«, sagt Pagel, wird verlegen und fängt an, sich zu ärgern. »Ich habe da so ein paar Schulden bei meiner Wirtin, Kleinigkeiten eigentlich – weißt du, hundert Millionen klingt gewaltig viel, aber am Ende ist es doch nicht viel mehr als hundert Dollar, nichts so Überragendes …«

»Also Schulden bei der Wirtin«, sagt Zecke ganz ungerührt und sieht den Freund aus dunklen Augen aufmerksam an. »Und was sonst noch?«

»Ja«, sagt Pagel verdrießlich, »ich habe auch noch was versetzt beim Onkel …«

Im gleichen Augenblick fällt ihm ein, dass dies nun wirklich nicht wahr ist. Aber er hat im Moment nicht daran gedacht, dass verkauft nicht versetzt ist, und so lässt er es dabei. Es kommt ja wirklich nicht so genau darauf an …

»So, versetzt beim Onkel«, sagt von Zecke und sieht weiter dunkel und prüfend aus. »Weißt du, Pagel«, sagt er dann, »ich muss dich noch was fragen – entschuldige bitte. Geld ist ja schließlich Geld, und selbst sehr wenig Geld (hundert Dollar zum Beispiel) ist für manchen sehr viel Geld – zum Beispiel für dich.«

Pagel hat beschlossen, diese Stiche nicht mehr zu beachten, schließlich ist ja die Hauptsache, dass er sein Geld bekommt. Er sagt mürrisch: »Also frag schon.«

»Und was tust du?«, fragt Zecke. »Ich meine, wovon lebst du? Hast du 'ne Stellung, die dir was einbringt? Vertreter gegen Provision? Angestellter mit Gehalt?«

»Im Moment habe ich nichts«, sagt Pagel. »Aber ich kann jeden Augenblick als Taxichauffeur eintreten.«

»Ja so, dann natürlich!«, sagt Zecke und scheint ganz befriedigt. »Wenn du noch einen Schnabus magst, bitte! Ich habe für den Vormittag genug. – Also Taxichauffeur …«, fängt er wieder an zu bohren, dieses Aas, dieser Schieber, dieser Menschenschinder, dieser Verbrecher. (Sand statt Salvarsan!) »Taxichauffeur – sicher ein schönes Brot, auskömmlicher Verdienst …« (Wie er höhnt, dieser bösartige Affe!) »… aber doch sicher nicht so auskömmlich, dass du mir morgen mein Geld zurückgeben könntest. Du erinnerst dich doch, du sagtest, wenn es gutgeht, schon morgen?! So gut geht Taxifahren doch nicht?«

»Mein lieber Zecke«, sagt Wolfgang und steht auf. »Du möchtest mich ein bisschen quälen, was? Aber so wichtig ist mir das Geld nun doch wieder nicht –«

Er zittert beinahe vor Zorn.

»Aber Pagel –!«, ruft Zecke und ist ganz erschrocken. »Ich dich quälen –?! Wie komme ich denn dazu? Sieh mal, du hast mich doch ausdrücklich nicht um ein Geschenk gebeten – dann hättest du die paar Scheine längst. Du willst doch ein Darlehen, hast Angaben wegen der Rückzahlung gemacht – ich frage also danach, erkundige mich, wie du dir das denkst – und du schimpfst?!! Ich verstehe das nicht.«

»Ich kann«, sagt Pagel, »das vorhin nur so hingesagt haben. In Wirklichkeit könnte ich dir das Geld nur in Wochenraten zurückzahlen, etwa zwei Millionen wöchentlich …«

»Spielt keine Rolle, alter Junge!«, ruft von Zecke fröhlich. »Spielt gar keine Rolle unter uns alten Freunden, nicht wahr? Die Hauptsache ist doch, dass du das Geld nicht wieder verspielst, nicht wahr, Pagel?«

Die beiden sehen sich an.

»Es hat keinen Zweck, Pagel«, sagt Zecke dann eilig und leise, »dass du schreist. Ich werde so oft angeschrien, es stört mich gar nicht. Wenn du tätlich werden willst, musst du es sehr schnell tun – sieh mal, jetzt habe ich schon auf den Klingelknopf gedrückt – ach ja, Reimers, dieser Herr wünscht zu gehen. Sie zeigen ihm den Weg, ja? Auf Wiedersehen, Pagel, alter Freund, und wenn du einmal ein Bild von deinem Herrn Vater verkaufen möchtest, ich bin für dich immer zu sprechen, immer … Nanu, bist du verrückt geworden?!«, unterbricht Zecke sich plötzlich.

Denn Pagel hat zu lachen angefangen, leicht und völlig vergnügt lacht er.

»Gott, was bist du für ein wunderbares Schwein geworden, Zecke!«, ruft Pagel lachend. »Das muss dich doch verdammt geschmerzt haben, was ich von den Varieténutten gesagt habe, dass du daraufhin all deinen Dreck von dir gibst. – Er hat nämlich früher mit Varieténutten gehandelt, Ihr Chef«, sagt er zu dem Manne hinter sich. (Eine Kreuzung von Mann und Herr.) »Er will's nicht mehr wissen, aber es tut ihm noch weh, wenn man davon spricht. Aber, Zecke«, sagt Pagel plötzlich ganz fachmännisch ernst, »ich neige jetzt doch dazu, dass der Arm von diesem Leuchterengel ergänzt ist, und zwar schlecht. Ich würde es so machen …«

Und ehe Zecke und sein Mann ihn noch haben hindern können, ist der Engel ohne Arm. Von Zecke schreit, als fühle er den Schmerz der Amputation. Der Mann Reimers will auf Pagel eindringen, aber der ist, trotz mangelhafter Ernährung, noch ein kräftiger junger Mann. Mit einer Hand wehrt er den

Mann ab, in der andern hält er den amputierten Arm mit der Lichttülle. »Diese grobe Fälschung möchte ich zum Andenken an dich behalten, alter Freund Zecke«, sagt Wolfgang vergnügt. »Weißt du: Das Licht erlosch – und so. Auf Wiedersehen und ein gedeihliches Mittagessen allerseits.«

Pagel geht ab, vergnügt und zufrieden, denn wenn von Zecke sich wirklich einmal freuen will, dass er ihm kein Geld gegeben hat, wird er an den Arm des Leuchterengels denken müssen, der in der Pagel'schen Tasche steckt. Und der Schmerz wird überwiegen.

Aus Teil II: »Das Land in Brand«, Kapitel 16: »Die Wunder der Rentenmark«: Erwachen aus den Millionen und Milliarden

Wir haben einen weiten Weg gehabt, oft haben wir uns aufhalten müssen unterwegs – nun haben wir es eilig! Als wir anfingen, war es Sommer, fast ein Jahr ist seitdem vergangen. Es ist wieder grün draußen, es blüht, eine Ernte wächst heran – und drinnen in der Stadt, im Zimmer der Frau Thumann, der Pottmadamm, hängen in der stickigen Hitze die gelbgrauen Gardinen wieder reglos – wir wissen es nicht, wir nehmen es an. Draußen und drinnen – es ist alles dasselbe.

Es ist alles ganz anders. So wenig ist geschehen: Ein Mann kam, und es war aus mit den unsinnigen, den liederlichen Scheinen mit den astronomischen Ziffern. Zu Anfang sahen die Leute das Geld verblüfft an, es war nur eine Eins darauf oder eine Zwei oder eine Zehn. Standen zwei Nullen hinter der Ziffer, war es schon ein sehr großer Schein, nein, wie komisch! Da man doch gewöhnt war, mit Milliarden und Billionen zu rechnen!

Es kamen auch wieder Münzen in den Verkehr, richtige Geldmünzen. Man sollte nicht nur mit Mark rechnen, nein, auch mit Groschen, nein, auch mit Pfennigen – es war toll! Es gab Männer, die bauten, wenn sie ihren Lohn bekommen hatten, Türmchen aus dem neuen Geld, sie spielten damit. Es war ihnen, als seien sie aus einer wilden, verdorbenen Zeit noch einmal in das Kinderland zurückgekehrt, aus dem schrecklich Verwickelten in das Einfache, Schlichte, wo die Dinge nur erst *ein* Gesicht haben.

Und es war seltsam, es ging ein Zauber von diesen niedrigen Zahlen, von den Münzen und den kleinen Scheinen aus. Die Menschen besannen sich – sie fingen an zu rechnen, und plötzlich ging es auf, es stimmte! Das und das verdiene ich die Woche, soundso viel kann ich also ausgeben – siehe da, es stimmte! Die Menschen hatten durch Jahre gerechnet – und es hatte nie gestimmt! Sie hatten sich von Sinn und Verstand gerechnet, in den Taschen der Verhungerten hatte man Tausendmarkscheine gefunden, der ärmste Stromer auf der Landstraße war Millionär gewesen …

71

Und nun erwachten sie alle. Sie erwachten aus einem wüsten, schweren, quälenden Traum. Sie standen still, und sie sahen sich um. Jawohl, sie konnten stillestehen, um sich sehen, sich besinnen. Das Geld lief ihnen nicht weg, die Zeit lief ihnen nicht weg, das Leben blieb bei ihnen. Erschrocken sahen sie einander in die vertrauten, ach so fremden Gesichter. Warst du das? fragten sie zögernd. War ich das? – Es war so nahe, und doch fing es schon an, ihnen zu zergehen wie ein Nebel, ein Fiebertraum, ein Dunst …

Sie schüttelten es ab. Nein, das war nicht ich, sagten sie. Mit neuem Mut gingen sie an ihr Werk, es hatte wieder einen Sinn, zu arbeiten, zu leben.

Oh, es war doch alles sehr, sehr anders geworden!

IV

Wettrennen mit Pferden – nie zu gewinnen

Der eiserne Gustav (1938)

Aus Kapitel 1: »Die gute schöne Friedenszeit«, 13: »Wett-
rennen zwischen Pferd und Auto«: Der alte Droschken-
kutscher Hackendahl lässt sich anlässlich der Beförderung
eines Stammkunden von dessen Sohn, der mit einem Au-
tomobil fährt, zu einer Wettfahrt provozieren. Er verliert
sie und verliert auch noch für immer den Kunden.

Der alte Hackendahl hatte es sich mit seinen sechs-
undfünfzig Jahren nie nehmen lassen, Tag für Tag,
Sommer und Winter, bei Schnee und Sonnenschein,
noch selbst auf den Bock seiner Droschke zu steigen.
Freilich, jeden Beliebigen fuhr er nicht, das hatte er
nicht nötig. Aber die Stammkundschaft fuhr er, die
Herren, die sich Tag für Tag nur vom alten Hackendahl auf ihr Büro, in ihre Bank, zum Ordinations-
zimmer fahren lassen wollten.

»Denn so wie Sie, fährt eben doch keiner, Hackendahl! Immer pünktlich auf die Minute, und dann im
schlanken Trabe durch, und dabei kein Gejachter mit
Peitschengeknall und Gejohle, und vor allem nie
Streit mit diesen neumodischen Automobilen!«

»I wo denn, Herr Kammergerichtsrat! Zu was

denn Streit? Mit solchen Benzinstinkern mache ich mich nicht gemein, Herr Kammergerichtsrat! Das sind doch alles bloß Todeskandidaten, und in zehn Jahren weiß kein Mensch mehr was von ihren Töfftöffs. Da ist die Mode vorbei. Die jagen, Herr Kammergerichtsrat, aber bloß, dass sie schneller in die Grube jagen ...«

So sprach Hackendahl mit seiner Stammkundschaft, und wie er sprach, so dachte er auch. Wenn er die Autos nicht ausstehen konnte, so nur, weil sie ihm seine guten Pferde nervös machten mit ihrer Huperei und Stinkerei und Raserei ... Sein braver Schimmel konnte ganz von Sinnen werden über die klapprigen Blechdinger, das Gebiss zwischen die Zähne nehmen und ab – in voller Karriere und Bauch auf die Erde. Und das liebte nun wieder Hackendahls Alte-Herren-Fahrkundschaft nicht.

Als Hackendahl an diesem Vormittag in die Bendlerstraße kam und bei der Villa des Geheimen Sanitätsrats Buchbinder vorfuhr, war er darum auch gar nicht erfreut, dass da solch Automobil vor der Türe stand. Der Schimmel stutzte. Und bockte und wollte gar nicht heran an den Kantstein: Hackendahl musste wahrhaftig runter vom Bock und den Zossen beim Kopf nehmen.

Der neben seinem Wagen wartende Chauffeur grinste natürlich höhnisch. »Na, wat is'n mit deinem Hafermotor, Jenosse?«, fragte er. »Hat wohl Fehlzündung? Soll ick ihm ein bissken mit'm Schrauben-schlüssel den Auspuff regulieren?«

Natürlich antwortete Hackendahl auf solche An-pflaumerei kein Wort. Er stieg wieder auf den Bock, nahm die Zügel schulgerecht in die eine, die Peitsche in die andere Hand, wobei er den Peitschenknauf aufs Knie stützte, und sah nun ganz so vornehm hochherrschaftlich aus wie sein Kollege aus dem Kai-serlichen Marstall.

Der Chauffeur beäugte ihn kritisch. »Fein«, sagte er dann. »Fein mit Ei. Noch zehn Jahre, Jenosse, und se holen dir mit Bürjermeister und weißer Ehren-jungfrau als letzte Pferdedroschke erster Jüte durchs Brandenburger Tor ein. Und denn stopfen se dir aus und stellen dir ins Märkische Museum, nee, in de Naturjeschichte in der Invalidenstraße – da stellen se dir gleich neben den jroßen Menschenaffen aus'm Urwald …«

Der langsam über dieser echt berlinischen Pöbelei blaurot anlaufende Hackendahl hätte nun doch wohl sehr kräftig *seine* Meinung über Menschenaffen ge-sagt, aber aus der Villa kam der Geheime Sanitätsrat Buchbinder, mit einem jungen Mann. Vorschriftsmä-ßig, die Augen stramm geradeaus gerichtet, tippte Hackendahl mit der Peitsche zum Gruß gegen sei-nen Lackzylinder. Der Chauffeur natürlich lümmelte sich nur langsam an seine Wagentür und sagte bloß: »Mojen!«

»Guten Morgen, Hackendahl!«, rief der Geheimrat vergnügt. »Hören Sie, Hackendahl, das hier ist mein Sohn, auch schon Mediziner, und der will nun ...«

»Weiß ich doch, Herr Geheimrat!«, sagte Hackendahl vorwurfsvoll. »Habe ich doch gleich gesehen. Ich habe doch den Herrn Sohn Ostern sieben zum Anhalter gefahren, zum Münchener Schnellzug, sechs Uhr elf, wissen Sie nicht noch, junger Herr ...?«

»Richtig!«, rief der Sanitätsrat. »Ja, mein Hackendahl, der hat noch ein Gedächtnis! – Aber, Hackendahl, nun ist mein Sohn ein Mann geworden, nun will er nicht mehr mit Ihnen fahren. Ein Auto hat er sich gekauft (von meinem Gelde, Hackendahl!) ... und nun will er nur noch Auto fahren ...«

»Er wird's schon bleiben lassen, Herr Geheimrat«, sagte Hackendahl und sah missgünstig Auto und frech grinsenden Chauffeur an. »Wenn er erst mal gegen einen Baum gefahren ist oder ein paar Menschen unglücklich gemacht hat, dann wird er's schon bleiben lassen!«

»Also, Papa«, sagte der junge Mann ungeduldig und ignorierte das subalterne Kutschergeschwätz vollkommen, »steig ein, und in vier Minuten hältst du vor deiner Charité.«

»Ja, mein Junge, das sagst du so. Aber ich muss in einer halben Stunde operieren, und wenn ich dann Herzklopfen von eurer Raserei habe, oder meine Hand zittert ...«

»Papa! Mein Ehrenwort! Du fährst wie in einer Wiege, du merkst überhaupt nichts von Schnelligkeit. Wenn chirurgisch etwas Neues aufkommt, versuchst du es doch auch ...«

»Ich weiß nicht«, sagte der alte Herr bedenklich. »Was meinen Sie, Hackendahl?«

»Wie der Herr Geheimrat befehlen«, sagte Hackendahl förmlich. »Aber wenn ich etwas sagen darf, in acht Minuten sind Sie auch mit mir in der Charité – und bei mir passiert nichts, bei mir ist noch nie was passiert!«

»Ja, Papa, wenn du dich freilich über Autos von deinem Droschkenkutscher beraten lassen willst ...«

Viel Kummer und Ärger hatte der alte Hackendahl an diesem Morgen schlucken müssen, aber Droschkenkutscher, das war ihm doch fast zu viel. Gottlob sagte auch gleich der Geheimrat: »Du weißt gut, mein lieber Junge, dass Hackendahl kein Droschkenkutscher ist. Und nun will ich dir etwas sagen: Ich werde mit Hackendahl fahren, und du wirst mit deinem Automobil fahren, ganz ruhig nebenher, und ich werde mir vom sicheren Port dein Schifflein anschauen, und ist es mir nicht zu stürmisch, dann darfst du mich von der Charité nach Haus fahren.«

Geheimer Sanitätsrat Buchbinder hatte milde, aber entschlossen gesprochen. Der Sohn antwortete etwas ärgerlich: »Wie du meinst, Papa«, und wandte sich zu seinem Auto.

Der alte Herr aber stieg in Hackendahls Droschke, legte die leichte Staubdecke über die Knie, rückte behaglich zurecht und sagte: »Also, dann fahren Sie langsam los, Hackendahl. Er wird uns ja mit seinen zwanzig oder vierzig Pferdekräften doch gleich einholen!«

Es war gut, dass Hackendahl solche Weisung bekam; der Schimmel war schon längst empört gewesen über das Schreckgespenst, das direkt vor ihm hielt. Gerade hatte der Chauffeur angefangen, an der Kurbel zu drehen, aus dem Auspuffrohr unter des Schimmels Nase kamen kleine, dicke, stinkende, blaue Wölkchen …

»Sachte, Hackendahl, sachte!«, schrie der Geheimrat, den es fast vom Sitz geschleudert hatte. »Fahren Sie langsam! – Sie sollen langsam fahren, Hackendahl. ich will keine Wettfahrt …!«

Hackendahl wollte auch keine, es war nur schade, dass man dies dem Schimmel nicht begreiflich machen konnte. Das aufgeregte Tier raste die Bendlerstraße im Galopp hinunter, bog so scharf in die Tiergartenstraße ein, dass die Räder gegen die Bordkante schrammten, und ging nun, ein wenig ruhiger, aber immer noch ins Gebiss schäumend, an den grünen Rasenflächen entlang.

»Ich glaube, Sie sind des Teufels, Hackendahl!«, stöhnte der Geheimrat von hinten.

»Das ist der Schimmel«, rief Hackendahl. »Der hasst Automobile.«

»Ich dachte, Sie führen nur sanfte Tiere?«

»Tu ich auch, Herr Geheimrat! Aber wenn solch ein Ding ihm direkt in die Nase stinkt und knallt!«

»Also immer langsam, keinesfalls eine Wettfahrt«, befahl der Geheimrat.

Gottlob war keine Aussicht auf Wettfahrten. Hackendahl fuhr schon um den Rolandsbrunnen, er sah sich vorsichtig um: Von dem Automobil war keine Spur zu sehen.

Kriegt den Kasten natürlich nicht in Gang! frohlockte Hackendahl bei sich. Der Geheimrat soll schon sehen, was zuverlässiger ist, ein anständiges Pferd oder solche Maschine, die immer gerade dann streikt, wenn sie am nötigsten gebraucht wird! Und er grinste, da er an den kurbelnden Chauffeur dachte.

Aus Kapitel VIII: »Die Fahrt nach Paris«, 13: »Einzug in Paris – Droschkenrennen«: Hackendahl und ein Pariser Kutscher versprechen, gemeinsam durchs Ziel zu fahren, was im Eifer gebrochen wird, durch Verhaken der Räder aber doch passiert.

Am 4. Juni, zwei Monate und zwei Tage nach seiner Abfahrt aus Berlin, hält Gustav Hackendahl Einzug in Paris. Er hält wahrhaftig Einzug – Paris empfängt ihn wie einen Fürsten.

Die jubelnden Begrüßungen seiner Fahrt durch Deutschland wiederholen sich, die Pariser können sich nicht genugtun in Ehrungen des alten Mannes. Die Straßen sind übervoll, die Pariser Droschkenkutscher empfangen den Berliner Kollegen, die Pariser Studenten spannen ihm Grasmus aus und ziehen die Droschke im Triumph durch die Stadt. Auf dem Bock thront der alte Hackendahl, im Fond sitzt der junge Grundeis.

Alles ist lachend, beschwingt, übermütig, es ist doch nicht so wie in Deutschland! Hier grüßen sie nicht den alten Mann, der schlimme Zeiten überdauerte, ohne den Mut zu verlieren, hier ist es Sport, hier ist es Verbrüderung: Die Fahrt selbst ist es und das fremde Volk, das man grüßt, ehrt.

Es gibt feierliche und übermütige Diners, der junge Grundeis hat ausgezeichnet vorgesorgt. Empfang beim Botschafter, Empfang bei der englisch-amerikanischen Presse, feierliche Ansprachen, aber auch lachende Mähler mit den Studenten. Die Überreichung des Goldenen Ehren-Hufeisens, an der Kette um den Hals zu tragen. Grasmus darf im Saal stehen und zuschauen, in einer Porzellankrippe wird ihm ein vielgängiges Haferdiner serviert ...

Hackendahl blüht auf, der Alterstrübsinn verschwindet, sein Ruhm erstrahlt von neuem. Er dichtet den Vers: »Was Lindbergh mit dem Flugzeug hat vollbracht, hat der eiserne Gustav mit der Droschke auch gemacht!«

Aber Grundeis übertrumpft ihn; alle Zeitungen

bringen das Bild des jungen Redakteurs. Er sitzt in der Droschke sieben. Darunter steht die Unterschrift: »Wie ich von Berlin nach Paris komme, Kollege? Ich nehme mir einfach 'ne Droschke!«

Gelächter, Jubel und Trubel. Zwei Zentner Sträuße im Hotelzimmer. Geschenke über Geschenke. Andenken für Muttern aus Paris. Regimenter von Champagnerflaschen. Der Siebzigjährige steigt in ein Flugzeug, sieht sich die Welt von oben an. Er macht alles mit, unverwüstlich, lachend ...

Etwas Besonderes ...? Etwas ganz Besonderes ...?!

Bei einem übermütigen Frühstück wird der Gedanke geboren: Wettfahrt zwischen dem ältesten Berliner und dem ältesten Pariser Droschkenkutscher. Die Strecke geht über dreihundert Meter.

Großartig!

Nur großartig? Bedenken kommen. Wer soll gewinnen? Wer darf gewinnen? Die Gefühle sind noch so leicht verletzlich: Darf der Deutsche den Franzosen schlagen, besiegen, hier in der Hauptstadt Frankreichs? Unmöglich! Aber darf der Gast besiegt werden, er, der Siebzigjährige, der tadelfrei eine solche Leistung vollbracht hat? Ebenso unmöglich!

Endlose Beratungen. Verschwörungen – Beschwörungen. Schließlich die Lösung, streng geheim, durch Schwüre besiegelt: Die Gegner werden ehrenwörtlich verpflichtet, gleichzeitig ans Ziel zu kommen ...

»Sehn Sie's ein, Hackendahl, es geht nicht anders!

Blamieren Sie uns nicht! Zügeln Sie Grasmus! Bedenken Sie, unser Botschafter ... Die französische Nation ... Es könnte Konflikte geben, die diplomatischen Beziehungen der beiden Länder, offiziell ein wenig gebessert ... Sie sehen es ein?«

Hackendahl sieht es ein, er gibt sein Ehrenwort.

Der andere gibt auch sein Ehrenwort.

Das Marsfeld ist abgesperrt, zu Tausenden stehen die Neugierigen, von den Blauen in Schranken gehalten, viele Studenten mit ihren Mädchen. Sie jubeln, als die beiden Gegner auffahren, diese Gefährte aus alter Zeit, und ringsum parken die Autos! Sie jubeln den beiden zu; der eine zieht seinen schwarzen Lackhut, der andere den weißen Zylinder. Nebeneinander fahren die beiden Wagen auf, Hackendahl mit Grasmus, der Gegner mit einem knochigen, langbeinigen Schimmel ... Die Wetten für Deutschland stehen günstig ...

Grundeis beschwört noch einmal Hackendahl: »Sie wissen, was Sie versprochen haben!«

»Wenn Se ooch eenmal mit Jrasmussen reden wollten, Herr Jrundeis! Er is so übermütig! Die jeben ihm zu fressen und zu fressen, und aus'm Stall kommt er nich. Ick kann ihn kaum halten ...«

»Blamieren Sie uns nicht, Hackendahl! Ich beschwöre Sie ...«

»Ick tu, wat ick kann, Herr Jrundeis. Valassen Se sich bloß uff mir ...«

Den Gäulen zwar nicht, aber beiden Fahrern wird

ein Glas Champagner gereicht. Sie winken sich zu, von Bock zu Bock geben sie sich noch einmal die Hand. Grasmus beschnuppert neugierig seinen Gegner. Ach nein, nicht so neugierig wie gefräßig. Er will dem Schimmel die Girlande abfressen. Der Schimmel legt die Ohren nach hinten und zeigt drohend seine langen gelben Zähne …

Brausender Jubel.

Der Startschuss ertönt. »Na, denn man los, Grasmus!«, sagt Hackendahl und hält die Zügel stramm, damit der Braune nicht gleich zu sehr losgeht …«

Der andere hat auch, eingedenk seines Ehrenwortes, den Schimmel zurückgehalten. Achtsam das Auge auf den anderen, um ihm nicht voranzukommen, aber auch nicht hintennach zu bleiben, beginnen sie das Rennen – im langsamsten Schritt!

Gelächter, Rufe … Anfeuerungen …

Ick trau ihm nich, sagt Hackendahl zu sich, immer das Auge auf den anderen gerichtet. Nachher legt er los, und ick bin zweiter Sieger! Immer langsam voran …

Der Feind denkt nicht anders, es wird eine Langsamkonkurrenz …

Rufe … Geschrei …

»Nu aber los! Schiebung!«

Grundeis taucht, rot im Gesicht, neben der Droschke auf: »Los, Hackendahl, Sie müssen doch fahren! Fahren, Mensch!!«

»Ick trau mir nich. Wenn Grasmus erst läuft …«

»Trab, nur Trab, Hackendahl, ich beschwöre Sie …«

»Da jeht er hin!«

Ein erzürnter Student, von Nationalstolz fiebernd, hat dem Schimmel seine Mütze gegen die Augen geschleudert. Der Schimmel hat einen überraschenden Satz getan und jagt los, in voller Karriere …

»Schuft!«, schreit Hackendahl. »Betrüger!«

Jetzt bekommt Grasmus die Peitsche zu spüren. Aufrecht steht Hackendahl. »So haben wir wiederum nicht gewettet. Besiegen lassen wir Deutsche uns noch lange nicht von euch! Los, Grasmus!«

Schlag auf Schlag, hier wie dort! Vergessen sind alle Ehrenwörter. Die Kutscher treiben, die Menschen treiben. Grundeis schreit: »Los, Hackendahl! Deutschland voran!«

Und sein Kontrahent, der Vertragspartner mit dem Ehrenwort, schreit ihm wütend ins Gesicht: »Vive la France, en avant la France!«

»Deutschland!«

»Frankreich!«

»Los!«

»Schneller doch, Hackendahl, Mensch! Gib ihm!«

Wie die alten Droschken rütteln und schütteln, wie sie wacker dahinbrausen! Die Pferde springen im Geschirr, die Peitschen schwingend, stehen die Kutscher aufrecht, der Braune holt auf, der Schimmel bleibt zurück …

»Siehste woll, du wortbrüchijet Aas!«, schreit Hackendahl zornig.

Er ist jetzt auf der Höhe des anderen, nahe ist das Ziel … Der Schimmel will nicht mehr, der Braune wird es schaffen, Deutschland macht das Rennen …!

Und ein Krachen!

Die beiden Kutscher, die nur füreinander Augen hatten, nicht für den Weg, sind mit ihren Wagen zusammengefahren. Rad hängt im Rade, die Kutscher wanken, wollen fallen, einer greift um Halt nach dem anderen …

Und so gehen sie durchs Ziel, eng sich umschlungen haltend, gleichzeitig, getreu dem gegebenen Worte!

Aus Kapitel IX, 2: »Verlorenes Rennen«, Schlusskapitel nach dem Tod von Hackendahls Mutter: Gustav grübelt über die verlorene Ehefrau, die politisch verlorenen Söhne, überhaupt das verlorene Lebensrennen.

Mutters Tod brachte eine gewaltige Veränderung in das Leben des alten Hackendahl. Er hatte nie gewusst, wie nötig sie ihm gewesen war. Nicht für Kochen und Reinemachen und Nähen – für all so etwas gab es schließlich Ersatz. Sondern sie fehlte ihm einfach. Er konnte einfach nicht in der leeren Wohnung sein, der Schlaf mied ihn, seit das Bett neben ihm leer war.

Er fuhr jetzt schon morgens um fünf mit Grasmus auf Tour, aß ein bisschen in einer Kneipe und kam erst zur Nacht wieder heim. Aber es war kein Heimkommen, es war kein Heim, Irma mochte die Wohnung tagsüber noch so nett aufgeräumt haben! Todmüde legte er sich ins Bett, aber nach drei Minuten fuhr er hoch und fragte: »Ja, Mutter, wat stöhnste denn?«

Aber Mutter stöhnte nicht mehr, Mutter stöhnte nie wieder. So stand er denn auf, holte sich einen Stuhl ans Fenster und sah auf die Straße. Es war die Wexstraße, es war nach allem, was er erlebt hatte, noch immer die Wexstraße, er war sie dreihundertmal oder dreitausendmal entlanggefahren, und nun sah er auf sie hinunter. Die Gaslampen brannten, er hörte die Züge einlaufen, im Ringbahnhof Wilmersdorf – Friedenau; ein wenig später kam dann ein Schwung Leute durch die Straße, sie hatten es eilig, in ihre Betten zu kommen! Drehte er den Kopf nach links oben, so sah er auch einen Streif Himmel oder den Dunst, den man hier Himmel nannte … In der Destille an der Ecke lärmten sie noch …

Er senkte den Kopf, er schloss die Augen, und hinter den geschlossenen Lidern taten sich die Himmel seiner Knabenjahre wieder auf. Er hatte noch spät gemäht, dann hatte er sich auf einen Wisch Roggen geworfen und in den Nachthimmel gestarrt. Leise kam und ging der Wind in den Bäumen am Feldrand, von den Wiesen weiter unten stieg ein feiner

Dunst auf, er roch ihn mehr, als dass er ihn sah. Und nun wurden die Sterne deutlich: funkelnd und weiß und bunt… Eine Frische wehte von ihnen zu ihm, eine frische, ferne Kühle…

Und er bedachte den weiten, weiten Weg von der frischen Jugend- und Sternenkühle seiner Knabentage, ein ganzes Leben unverbraucht vor sich, bis in dies dunkle Zimmer, ohne Himmel, ein ganzes Leben verbraucht hinter sich. Er war diesen Weg gegangen ohne Fehl und Tadel, rechtlich und aufrecht – aber was war ihm geblieben? Stall und Kinder, Vermögen und Frau, Soldaten und Kaiser – alles, alles hatte ihn verlassen. Seine Hoffnungen hatten sich nur erfüllt, um ihm noch schmerzlichere Wunden zu schlagen; seine Kinder waren nur geboren, um zu verderben; sein Reich war zerbrochen, sie hatten es verlassen, verraten, bespien – was noch?

Er ist so alt und traurig; nur noch die Vergangenheit lebt in ihm, die Erinnerungen kriechen wie Würmer in seinem Hirn. Aber darum tut er sich noch nichts, darum lebt er doch weiter.

Steht auf, gespenstert durch die Wohnung, sucht im Kleiderschrank nach einem Kleid von Muttern, blau mit gelblichem Besatz… Er hatte eben daran gedacht, es hatte ihr so gut gestanden. Er sucht das Kleid, das Mutter vor zwanzig Jahren trug, findet es nicht, hat es schon wieder vergessen, während er noch sucht, setzt sich aufs Bett, döst ein.

Und erwacht wieder. Es ist immer noch tiefe Nacht, aber er steigt die Treppe hinunter, geht zum einzigen lebendigen Wesen, zu dem er in der Nacht noch gehen kann …

Grasmus wiehert leise, Hackendahl setzt sich zu ihm, nimmt einen Strohhalm in den Mund und sitzt da. Er sitzt da, viele Stunden, bis Grasmus ihn, um sein Futter bettelnd, mit der Schnauze anstößt …

Hätte er die Fähigkeit, Vergleiche zu ziehen, so dächte der alte Gustav jetzt an den Schimmel. Der stand auch so im Stall, ein paar Strohhalme stachen aus seinem Maul, aber den Zucker aus der Hand des Herrn nahm er nicht. Das war nach dem Rennen gewesen, nach dem ungewollten Wettrennen mit dem Auto. Auch Hackendahl hat ein Rennen gemacht, er hat das Lebensrennen gemacht über eine weite Strecke – und nun döst er wie sein niedergebrochener Schimmel im Stall, einen verlorenen Strohhalm im Munde!

V

Die Quangels machen sich frei –
für den Untergang

Jeder stirbt für sich allein (1947)

Aus Teil 1: »Die Quangels«, Kapitel 17: »Auch Anna Quangel macht sich frei«: Bevor die Quangels nach dem Soldatentod ihres Sohnes ihren Widerstand gegen das NS-Regime mit anonymen Briefen beginnen, geht Otto Quangel aus der NS-Arbeitsfront, Anna Quangel aus der NS-Frauenschaft. Und dies mit einem Trick: Sie greift eine Dame der höheren Gesellschaft unflätig an, bis sie entlassen wird.

Anna Quangel aber hatte in dieser Woche noch eine schwierige Arbeit zu erledigen. Beim Einschlafen am Sonntag hatte ihr der Mann noch gesagt: »Sieh, dass du aus der Frauenschaft rauskommst. Aber so, dass es keinem auffällt. Ich bin auch meinen Posten bei der Arbeitsfront los.«

»Oh Gott!«, rief sie. »Wie hast du das denn gemacht, Otto? Wieso haben die dich gehen lassen?«

»Wegen angeborener Körperdoofheit«, hatte Quangel ungewöhnlich aufgeräumt geantwortet und damit diese Unterhaltung beendet.

Sie aber hatte ihre Aufgabe nun vor sich. Wegen

Doofheit würden die sie nie laufen lassen, dafür kannten sie die Quangel zu gut, ihr musste schon etwas anderes einfallen. Den Montag und Dienstag grübelte Anna Quangel darüber, am Mittwoch glaubte sie es schließlich zu haben. Wenn Doofheit bei ihr nicht verfing, dann vielleicht Überklugheit. Überklugheit, zu viel wissen, zu schlau sein, das war denen noch lästiger als ein bisschen Doofheit. Und Überklugheit, gepaart mit Übereifer, ja, so musste es gehen.

Und kurz entschlossen machte sie Anna Quangel auf den Weg. Sie wollte diese Sache möglichst schnell hinter sich bringen, sie wollte, wenn es irgend ging, heute Nacht noch Otto melden, dass sie es wie er geschafft hatte, das heißt, ohne parteipolitisch missliebig aufgefallen zu sein. Sie musste es denen für immer vergällen, sich mit ihr zu beschäftigen. Schon wenn denen die Quangel einfiel, sollten sie nur denken: Ach, die kommt für so was nicht in Frage!, was dieses Sowas auch sein mochte!

Zu Anna Quangels Hauptaufgaben gehörte es in diesen Tagen, da der Zwangsarbeiter-Import noch nicht recht in Gang gekommen war und noch kein Sonderbeauftragter des Führers mit Ministerrang für diese Sklavengeschäfte ernannt worden war – zu ihren Hauptaufgaben also gehörte es, unter ihren deutschen Volksgenossinnen solche zu ermitteln, die sich vor der Arbeit in den Rüstungswerken drückten, die damit, wie es in der üblichen Parteiterminologie hieß, zu Verrätern am Führer und am eigenen Volk wurden. Grade erst kürzlich hatte das Ministerchen Goebbels in einem Artikel hämisch auf jene geschminkten Dämchen hingewiesen, deren rotlackierte Fingernägel sie noch lange nicht von der Arbeit für das Volk – und nicht etwa nur von Büroarbeit! – freimachten.

Freilich hatte der Minister in einem weiteren Artikel, der wohl von den Damen seines eigenen Kreises erzwungen worden war, sich beeilt, hinzuzufügen, dass rote Fingernägel und ein gepflegtes Äußeres nicht ohne weiteres die Merkmale einer Asozialen und Arbeitsscheuen seien. Er warnte dringend vor Anrempelungen nur aus solchen Gründen! Die Partei werde in ihrer Gerechtigkeit jeden einzelnen ihr gemeldeten Fall nachprüfen. Womit er einer wohl beabsichtigten Hochflut von Denunziationen Tür und Tor öffnete.

Aber wie so oft schon vorher und nachher hatte der Minister mit seinem ersten Artikel die niedersten Pöbelinstinkte wachgerufen, und Anna Quangel sah hier ohne weiteres ihre Möglichkeiten. Zwar wohnten in ihrem Bezirk meist nur schlichte Leute, aber *eine* Dame wusste sie doch, auf die jene Beschreibung des Ministers haargenau passte. Anna Quangel lächelte schon im Voraus bei dem Gedanken, welche Wirkung ihr Besuch wohl haben würde.

Die von ihr aufgesuchte Dame wohnte in einem großen Hause am Friedrichshain, und Frau Quangel sagte zu dem öffnenden Mädchen mit Barschheit, durch die sie ihre eigene, sie plötzlich heimsuchende Unsicherheit verstecken wollte: »Ach was, nachsehen, ob die gnädige Frau zu sprechen ist! Ich komme von der Frauenschaft, und ich muss sie sprechen, und ich werde es auch! – Übrigens, Fräulein«, setzte sie plötzlich mit gesenkter Stimme hinzu, »wieso gnädige Frau? So was gibt es doch im Dritten Reich gar nicht mehr! Wir arbeiten alle für unsern geliebten Führer – jedes an seinem Platz! Ich will zu Frau Gerich!«

Es bleibt ungewiss, warum Frau Gerich diese Gesandtin der NS-Frauenschaft empfing, ob doch leise beunruhigt durch den Bericht ihres Mädchens oder ob einfach aus Langerweile, die halbe Stunde eines öden Nachmittags zu verkürzen. Jedenfalls empfing sie Frau Quangel.

Sie kam ihr mit einem liebenswürdigen Lächeln bis in die Mitte ihres üppigen Salons entgegen, und Frau Quangel stellte mit einem Blicke fest, dass Frau Gerich wirklich das Geschöpf war, das sie suchte: eine langbeinige Blondine, zurechtgemacht und parfümiert, über der Stirn ein hoher Aufbau von Locken und Löckchen. Die Hälfte davon falsch!, entschied Anna Quangel sofort. Diese Feststellung gab ihr ein wenig von ihrer Sicherheit zurück, die beim Anblick dieses wirklich prachtvollen Zimmers ins Wanken gekommen war, eines Zimmers, wie es mit Seidenteppichen, Couches, Sesseln und Sesselchen, Tischen und Tischchen, mit Wandbehängen und einer Unzahl blitzender Beleuchtungskörper Anna Quangel noch nie in ihrem Leben gesehen hatte, selbst nicht bei jenen wirklich feinen Herrschaften, bei denen sie vor mehr als zwanzig Jahren in Stellung gewesen war.

Die Dame begrüßte Anna Quangel gebührend, aber nur mit einer lässigen Erhebung des Armes: »Heil Hitler!« Ernst und genau korrigierte Anna Quangel durch ihr zackiges »Heil Hitler!« diese Nachlässigkeit.

»Sie kommen von der NS-Frauenschaft, wie ich höre, Frau –?« Die Dame wartete einen Augenblick, da ihr aber kein Name genannt wurde, lächelte sie unmerklich und sagte: »Aber bitte, nehmen Sie doch Platz! Sicher handelt es sich um eine Spende – ich gebe gerne, soweit es mir möglich ist.«

»Es handelt sich um keine Spende!« Anna Quangel stieß diese Worte fast zornig hervor. Sie empfand plötzlich eine tiefe Abneigung gegen dieses bildschöne Geschöpf, das doch nur ein Weibchen war und das nie Frau und Mutter werden würde, wie es Anna Quangel gewesen war und noch war. Sie hasste und verachtete die andere, weil sie nie jene Bindungen anerkennen würde, die Anna Quangel stets heilig und unverletzlich erschienen waren. Dieser da war alles nur ein Spiel, zu wahrer Liebe war sie völlig unfähig, und nur auf jene Beziehungen legte sie Wert, die Anna in ihrer Ehe mit Otto Quangel stets als einen ganz unwesentlichen Teil dieser Ehe erschienen waren. »Nein, keine Spende!«, stieß sie noch einmal ungeduldig hervor. »Sondern es handelt sich darum –«

Sie wurde noch einmal unterbrochen. »Aber bitte, nehmen Sie doch wirklich Platz! Ich kann doch nicht sitzen bleiben, wenn Sie hier stehen, und Sie als die Ältere …«

»Ich habe keine Zeit!«, sagte Anna Quangel. »Wenn Sie mögen, dann stehen Sie auf, sonst können Sie auch ruhig sitzen bleiben. Mir macht das nichts aus!«

Frau Gerich kniff die Augen ein wenig zusammen und musterte erstaunt diese biedere Frau aus dem Volke, die mit solcher Brutalität gegen sie vorging. Sie zuckte leicht mit den Achseln und sagte, immer noch liebenswürdig, aber nicht mehr ganz so verbindlich: »Ganz nach Ihrem Wunsch! Ich werde also sitzen bleiben. Sie wollten sagen …«

»Ich will Sie fragen«, sagte Frau Quangel entschlossen, »warum Sie nicht arbeiten? Sie haben doch sicher die Aufrufe gelesen, dass jeder in der Rüstungsindustrie arbeiten soll, der noch keine Beschäftigung hat? Warum arbeiten Sie also nicht? Was haben Sie für Gründe?«

»Ich habe den sehr guten Grund«, sagte Frau Gerich jetzt mit heiterer Gelassenheit und betrachtete

nicht ohne Spott die verarbeiteten, vom Gemüseput-
zen verfärbten Hände der andern, »dass ich noch nie
in meinem Leben körperlich gearbeitet habe. Ich bin
in keiner Weise für körperliche Arbeit geeignet.«

»Haben Sie es denn je versucht?«

»Ich denke gar nicht daran, mich durch einen solchen Versuch krankmachen zu lassen. Ich kann je-
derzeit ein ärztliches Attest beibringen, dass –«

»Das glaube ich!«, unterbrach sie Frau Anna
Quangel. »Ein Attest für zehn oder zwanzig Mark!
Aber bei dieser Sache sind nicht die Atteste gefälliger
Privatärzte gültig, sondern der Fabrikarzt des Betrie-
bes, dem Sie zugewiesen werden, wird über Ihre Ar-
beitsfähigkeit entscheiden!«

Frau Gerich betrachtete für einen Augenblick das
zornige Gesicht der Frau. Dann zuckte sie die Achseln. »Also schön, weisen Sie mich irgendeinem Be-
triebe zu! Sie werden ja sehen, was Sie davon haben!«

»Das werden Sie sehen!« Anna Quangel holte ein
Heft hervor, ein in Wachstuch eingeschlagenes Heft,
wie es die Schulkinder benutzen. Sie trat an ein
Tischchen, schob ärgerlich eine Schale mit Blumen
beiseite und feuchtete, ehe sie mit Schreiben anfing,
den Bleistift mit der Zungenspitze an. Sie tat das alles
bewusst, sie wollte die andere reizen; sie konnte nicht
eher den Zweck dieses Besuches für erfüllt ansehen,
ehe sie nicht die spöttische Gelassenheit der andern
zerschlagen und auch sie in Zorn gebracht hatte.

Was war der Vater gewesen? Tischlermeister, so – und dann im ganzen Leben nie körperlich gearbeitet! Nun ja, wir werden ja sehen. Wie groß ist denn hier der Haushalt? Drei Personen? Die Hausangestellte mit eingerechnet? Also eigentlich zwei Personen ...

»Können Sie wirklich nicht Ihren Mann allein versorgen? Noch ein Mensch mehr der Rüstungsindustrie entzogen, werde ich mir auch notieren! Kinder haben Sie natürlich keine?«

Der andern schoss jetzt auch das Blut in die Wangen, man sah es aber nur an den Schläfen, so gemalt war sie. Aber eine Ader über die Stirn weg zur Nasenwurzel hin fing an zu schwellen und zu klopfen.

»Nein, Kinder natürlich keine!«, sagte Frau Gerich jetzt auch sehr scharf. »Aber Sie können sich noch notieren, dass ich mir zwei Hunde halte!«

Anna Quangel richtete sich steif auf und sah die andere mit düster glühenden Augen an. (In diesem Augenblick hatte sie vollkommen vergessen, warum sie diesen Besuch gemacht hatte.) »Sagen Sie mal!«, rief sie und gab ihrer Stimme absichtlich einen gewöhnlichen Klang. »Wollen Sie mich und die Frauenschaft verhöhnen? Wollen Sie sich etwa über die Arbeitsbestimmungen und unsern Führer lustig machen? Ich warne Sie!«

»Und ich warne Sie!«, schrie Frau Gerich dagegen. »Sie scheinen nicht zu wissen, bei wem Sie sind! Ich und mich über eine Bestimmung lustig machen! Mein Mann ist Obersturmbannführer!«

»Ach so!«, sagte Anna Quangel. »Ach so!« Ihre Stimme war plötzlich ganz ruhig geworden. »Na ja, Ihre Angaben habe ich ja nun, Sie bekommen dann Bescheid! Oder haben Sie noch irgendwas geltend zu machen? Vielleicht eine kranke Mutter zu versorgen?«

Frau Gerich zuckte nur verächtlich mit den Achseln. »Ehe Sie jetzt gehen«, sagte sie, »möchte ich doch einmal Ihren Ausweis sehen. Ich hätte mir auch gerne Ihren Namen notiert.«

»Bitte!«, sagte Frau Quangel und hielt der andern ihren Ausweis hin. »Steht alles drauf. Visitenkarten habe ich leider keine.«

Zwei Minuten später war Frau Anna Quangel gegangen, und nicht drei Minuten danach rief ein fassungsloses, in Tränen aufgelöstes Wesen den Obersturmbannführer Gerich an und berichtete ihm schluchzend, manchmal aber auch vor Wut mit den Füßen trampelnd, von der unerhörten Beleidigung, die ihr durch eine Botin der Frauenschaft angetan worden war.

»Nein, nein, nein«, gelang es dem Obersturmbannführer schließlich, beruhigend einzuschieben. »Wir werden selbstverständlich von Partei wegen dies nachprüfen. Aber du musst immer bedenken, dass Nachkontrollen notwendig sind. Natürlich war es eine Dämelei, mit so was zu dir zu kommen. Ich werde dafür sorgen, dass das nicht wieder vorkommt!«

»Nein, Ernst!«, schrie es förmlich am andern Ende der Leitung. »Du wirst nichts derart tun! Sondern du wirst dafür sorgen, dass mich dieses Weib um Verzeihung bittet. Schon der Ton, in dem sie mit mir gesprochen hat! ›Kinder natürlich keine!‹, das hat sie gesagt. Damit hat sie auch dich beleidigt, Ernst – empfindest du das denn gar nicht?«

Der Obersturmbannführer musste es schließlich empfinden, er versprach seiner ›süßen Claire‹ alles, um sie zu beruhigen. Ja, sie würde um Verzeihung gebeten werden. Jawohl, es würde noch heute geschehen. Selbstverständlich würde er Karten für die Staatsoper besorgen und hinterher vielleicht die Femina, damit sie ein wenig abgelenkt und beruhigt werde? Ja, er würde sofort einen Tisch für sie bestellen lassen, sie möge doch versuchen, ein paar Freundinnen und Freunde telefonisch zusammenzutrommeln …

Nachdem er seiner Frau so eine ablenkende Beschäftigung gegeben hatte, ließ er sich mit der Hauptleitung der Frauenschaft verbinden und rügte im schärfsten Ton die ihm angetane Beleidigung. Ob man denn wahrhaftig niemand Besseres als derartig gemeine Weiber für solche Aufgaben einzusetzen habe? Da sei vermutlich eine genaue Nachprüfung fällig! Jawohl, um Verzeihung habe diese Quangel-Quingel-Quungel seine Frau zu bitten! Heute Abend noch, er müsse doch sehr bitten! Er verlange auch sofortige Meldung von dem Geschehenen!

Als der Obersturmbannführer schließlich anhängte, war er nicht nur blaurot im Gesicht, sondern er war jetzt auch fest davon überzeugt, unverzeihlich schwer beleidigt worden zu sein. Er rief sofort seine süße Claire an, musste es aber mindestens zehnmal versuchen, ehe er eine Verbindung mit ihr bekam, denn sie war jetzt eifrig dabei, ihre Freundinnen von der ihr angetanen Schmach zu benachrichtigen.

Das von ihrem Manne aber geführte Telefongespräch sickerte ein in das Netz von Berlin, es breitete sich aus, es lief hierhin und dorthin, Erkundigungen wurden eingezogen, Nachfragen wurden gehalten, streng vertraulich wurde geflüstert. Manchmal schien das Gespräch ganz von seinem ursprünglichen Ziele abgekommen, aber dank der Trefflichkeit und Unfehlbarkeit des Selbstwählersystems fand es immer wieder zurück, bis es schließlich, zu einer Lawine vergrößert, jene kleine Geschäftsstelle der Frauenschaft fand, der Anna Quangel unterstellt war. Dort hatten zurzeit zwei Damen (ehrenamtlich) Dienst, die eine weißhaarig und dürr, mit dem Mutterkreuz geschmückt, die andere mollig und noch jung, aber mit Herrenschnitt und dem Parteiabzeichen auf der schwellenden Brust versehen.

Die Weißhaarige hatte es erwischt, sie hatte zuerst zum Telefon gegriffen, über sie stürzte diese Lawine zuerst dahin. Sie wurde völlig überschüttet von ihr, sie ruderte hilflos mit den Armen, sie warf flehende Blicke auf die Mollige, sie versuchte kleine Bemerkungen einzuschieben: »Aber die Quangel – eine ganz zuverlässige Frau. Kenne sie seit Jahren ...«

Umsonst, nichts konnte sie retten! Kein Blatt wurde, auch bei der Frauenschaft nicht, vor den Mund genommen, es wurde ihr klar gemacht, was für eine Sauwirtschaft auf ihrer Geschäftsstelle herrsche. Sie könne sich gratulieren, wenn sie da einigermaßen mit sauberer Weste herauskam! Aber was diese Quangel angehe – natürlich heute noch und für immer und ewig absetzen und um Verzeihung bitten, heute noch! Jawohl, Heil Hitler!

Und kaum hatte die Weißhaarige angehängt und begann, noch an allen Gliedern zitternd, der Molligen einen Bericht zu machen, so schrillte wieder das Telefon, und eine andere vorgesetzte Dienststelle fühlte sich ebenfalls berufen zu schreien, zu schelten, zu drohen.

Diesmal hatte es die Mollige getroffen. Auch sie wankte unter diesem Anprall, auch sie zitterte, denn wenn sie auch schon in der Partei war, ihr Mann galt als politisch unzuverlässig, weil er als Anwalt vor 1933 öfters ›Rote‹ vor Gericht verteidigt hatte. So eine Sache konnte ihnen den Hals brechen. Sie versuchte es mit Demut, Bereitwilligkeit, tiefster Ergebenheit. »Jawohl, ein bedauerliches Versehen ... Diese Frau muss wahnsinnig geworden sein... Natürlich, es wird alles geschehen, heute Abend noch. Ich gehe selber...«

Umsonst, alles umsonst! Die Lawine stürzte auch über sie nieder und zerbrach ihr jeden Knochen im Leibe. Sie war nur noch ein nasser Lappen.

Und nun folgte Anruf auf Anruf. Es war, als sei die Hölle hereingebrochen! Sie bekamen kaum noch Atem, so rasch folgte ein Anruf dem andern. Schließlich flohen sie aus diesem Büro, einfach unfähig, diese ständig wiederholten Beschimpfungen weiter anzuhören. Noch als sie die Tür abschlossen, hörten sie das Telefon nach immer neuer Beute schreien, aber sie gingen nicht wieder zurück. Sie nicht, für kein Geld der Welt! Ihr Bedarf war eingedeckt für heute, für morgen, für die nächsten Jahre!

Eine Weile marschierten sie schweigend ihrem Ziele, der Quangel'schen Wohnung, zu. Dann sagte die eine: »Der werde ich es aber geben, uns derartige Schwierigkeiten zu bereiten!«

Und die mit dem Parteiabzeichen: »So ist es. Die Quangel kann uns ganz egal sein! Aber Sie wissen ja, man hat auch so schon viel zu viel Schwierigkeiten...«

»Gewiss!«, sagte das Mutterkreuz kurz und dachte an einen Sohn, der in Spanien, aber auf der falschen, nämlich auf der roten Seite gekämpft hatte.

Aber die Unterhaltung mit Frau Anna Quangel

verlief dann doch wesentlich anders, als die beiden erwartet hatten. Frau Quangel ließ sich weder andonnern noch einschüchtern.

»Erklären Sie mir bloß erst, was ich falsch gemacht habe. Hier sind meine Notizen. Die Frau Gerich fällt unter das Arbeitsdienstpflicht-Gesetz ...«

»Aber, Liebste, Beste« – dies sagte die Mollige – »darum handelt es sich hier doch gar nicht. Sie ist die Gattin eines Obersturmbannführers. Sie verstehen doch?«

»Nein! Was hat das damit zu tun? Wo steht geschrieben, dass die Frauen von höheren Führern frei sind? Ich weiß davon nichts!«

»Seien Sie bloß nicht so begriffsstutzig!«, meinte die Weißhaarige streng. »Als Frau eines höheren Führers hat Frau Gerich höhere Pflichten. Sie muss für ihren überarbeiteten Mann sorgen.«

»Muss ich auch.«

»Sie hat große Repräsentationspflichten.«

»Was ist denn das?«

Nichts zu machen mit der Frau, nichts mit ihr anzufangen, sie sieht ihr Unrecht nicht ein. Sie will einfach nicht begreifen, dass höhere Führer mit all ihren Anverwandten von all ihren Pflichten gegen den Staat und die Gemeinschaft befreit sind.

Die Mollige mit dem Hakenkreuz ist es, die den wirklichen Grund für Frau Anna Quangels Hartnäckigkeit zu ermitteln meint. Sie entdeckt das Foto eines blässlich, unterernährt aussehenden Jungen an der Wand, mit einem Kranz und einer Trauerschleife geschmückt. »Ihr Sohn?«, fragt sie.

»Ja«, antwortet Anna Quangel kurz und verdrossen.

»Ihr einziger – gefallen?«

»Ja.«

Die Weißhaarige mit dem Mutterkreuz sagt milde: »Man soll eben nicht nur einen Sohn in die Welt setzen!«

Anna Quangel hat eine hastige Antwort auf der Zunge. Aber sie verkneift sie sich noch. Sie will nicht jetzt noch alles verderben.

Die beiden Damen tauschen einen Blick. Ihnen ist alles klar. Diese Frau hat den einzigen Sohn verloren, und da sieht sie solch eine Dame, von der sie meint, sie will sich einer kleinen Pflicht entziehen, nicht das geringste Opfer bringen ... So was muss ja schiefgehen.

VI

Verliebt, verheiratet – und fast kein Zimmer

Zwei zarte Lämmchen weiß wie Schnee (1948)

Aus dem Kapitel »Die erzwungene Heirat«: Die Verhei-
rateten gehen ins Hotel, bekommen fast kein Zimmer,
weil sie sich siezen, und üben dann das Duzen, indem auf
falsches Siezen ein Kuss steht.

Der Ober des Rheinsberger Hotels sah zweifelnd auf
das junge Paar, das sehr junge Paar, dann auf den
Meldezettel, dann wieder auf das Paar. Er rückte an
seiner Brille, räusperte sich und sprach: »Entschuldi-
gen Sie – aber Sie sind doch richtig verheiratet?«

»Natürlich! Längst!«, antwortete Gerhard Grote,
konnte aber nicht verhindern, dass er rot wurde. Rosa
begleitete ihn dabei.

»Na schön!«, sagte der Ober, noch immer recht
zweifelhaft. »Wir sind nämlich ein solides Haus.«

»Und welches Zimmer haben wir?«, fragte Gerhard Grote, der gerne schnell dem Prüfblick entgan-
gen wäre.

»Nummer 6 im ersten Stock.«

»Also, wir gehen dann gleich hinauf. – Es ist Ihnen
doch recht so, Fräulein Täfelein – ich meine Rosa, ich
will sagen ...«

»Nein, nein!«, erklärte gewichtig der Ober und wischte den Namen Grote von dem schwarzen Gästebrett. »Ich möchte die Herrschaften doch bitten, lieber ein anderes Hotel aufzusuchen.«

»Aber wir sind doch wirklich verheiratet!«, rief Gerhard Grote verzweifelt. »Ich kann Ihnen unseren Trauschein zeigen!«

Und er reichte ihn dem Ober.

»Ach so!«, sagte der nach genauer Lektüre. »Sie sind seit heute früh erst verheiratet! Ich bitte um Verzeihung. Den herzlichsten Glückwunsch des Hauses!« Und mit Schwung setzte er den Namen Grote wieder auf die Tafel.

»So geht es nicht weiter mit uns, Fräulein Täfelein«, sprach Gerhard Grote in Zimmer 6 zu seiner jungen Ehefrau. »Wir blamieren uns vor aller Welt. Wir müssen es endlich lernen, uns wie echte Eheleute zu benehmen!«

»Es ist furchtbar schwer!«, klagte sie. »Und Sie haben eben auch schon wieder Fräulein zu mir gesagt!«

»Und Sie Sie!«

»Sie doch eben auch wieder!«

»Und – du auch!«

Sie sahen sich in die erhitzten Gesichter.

»Rosa«, sprach er dann und fasste sie vorsichtig bei der Hand. »Ich mache dir einen Vorschlag. Jedes Mal, wenn ich dich Sie nenne oder Fräulein Täfelein, muss ich dir einen Kuss geben, und umgekehrt musst du mich küssen.«

Sie hatte die Augen gesenkt und antwortete nicht. Er beobachtete sie, unruhig, ob er nicht zu stürmisch vorgegangen sei.

»Es war ja nur ein Vorschlag, Fräulein Täfelein!«, sagte er beruhigend.

»Ja«, sagte sie. »Ich nehme ihn an.«

»Fräulein Täfelein!«, rief er begeistert. »Sie sind großartig!«

»Sie haben eben zweimal Fräulein Täfelein und einmal Sie zu mir gesagt, Herr Grote!«

»Und Sie Sie – du Sie, meine ich, und Herr Grote!« Ihre Augen lächelten, als sie sich ansahen.

»Ich fange mit Schulden bezahlen an!«, rief er mutig, und willig legte sie ihre Arme um seinen Nacken. Nach einer recht langen Zeit, in der ziemlich viel Schulden abgetragen werden konnten, sagte er übermütig: »Ich weiß nicht, ob wir's gerade so lernen, Rosa. Ich bin immer in Versuchung, Sie zu dir zu sagen, bloß deswegen. Aber lernen müssen wir's. Weißt du noch, Marbach hat uns die beiden Lämmchen getauft; es wäre doch schlimm, wenn aus den Lämmchen alte Schafe werden würden.«

»Wir lernen es bestimmt«, erklärte sie, und das junge Blut schimmerte durch ihre elfenbeinfarbenen Wangen. »Du kannst ganz sicher sein, wir lernen's. Ich meine, Sie lernen es, Herr Grote, Grote, Grote,

Grote – hast du gezählt, war es genug? – Und nun komm, jetzt will ich dir meine Schulden bezahlen!«

»Rosa!«

»Fräulein Täfelein, bitte! Ich möchte gern, dass du immer Schulden bei mir hast!«

VII

Ein Weihnachtsbaum für die Tiere – nicht nur von Kindern

Lüttenweihnachten (1936)

Die Kinder wollen heimlich einen Weihnachtsbaum fürs Vieh (»Lüttenweihnachten«) aufstellen, müssen dafür einen Baum aus dem Wald holen, den der Förster streng bewacht. Der erwischt sie, wird aber auch selbst dabei ertappt, dass er für die Wildgänse einen Baum aufstellt, also auch Lüttenweihnachten feiert.

Zum Meer muss man doch, wenn man ein Küstenmensch ist, selbst mit solchem Baum. Anderes Meer haben sie näher am Hof, aber das sind nur Bodden und Wieks. Dies hier ist richtiges Außenmeer, hier kommen die Wellen von weit, weit her, von Finnland oder von Schweden oder auch von Dänemark. Richtige Wellen …

Also, sie laufen aus dem Wald über die Dünen.

Und nun stehen sie still.

Nein, das ist nicht mehr die Brandung allein, das ist ein seltsamer Laut, ein wehklagendes Schreien, ein endloses Flehen, tausendstimmig. Was ist es? Sie stehen und lauschen.

»Jung, Manning, das sind Gespenster!«

»Das sind die Ertrunkenen, die man nicht begraben hat.«

»Kommt, schnell nach Haus!«

Und darüber heult die Nebelsirene.

Sehr, es sind kleine Menschentiere, Bauernkinder, voll von Spuk und Aberglauben, zu Haus wird noch besprochen, da wird gehext und blau gefärbt. Aber sie sind kleine Menschen, sie laden ihren Baum wieder auf und waten doch durch den Dünensand dem klagenden Geschrei entgegen, bis sie auf der letzten Höhe stehen, und …

Und was sie sehen, ist ein Stück Strand, ein Stück Meer. Hier über dem Wasser weht es ein wenig, der Nebel zieht in Fetzen, schließt sich, öffnet den Ausblick. Und sie sehen die Wellen, grüngrau, wie sie umstürzen, weißschäumend draußen auf der äußersten Sandbank, näher tobend, brausend. Und sie sehen den Strand, mit Blöcken besät, und dazwischen lebt es, dazwischen schreit es, dazwischen watschelt es in Scharen …

»Die Wildgänse!«, sagen die Kinder. »Die Wildgänse …!«

Sie haben nur davon gehört, sie haben es noch nie gesehen, aber nun sehen sie es. Das sind die Gänsescharen, die zum offenen Wasser ziehen, die hier an der Küste Station machen, eine Nacht oder drei, um dann weiterzuziehen, nach Polen oder wer weiß wohin, Vater weiß es auch nicht. Da sind sie, die großen, wilden Vögel, und sie schreien, und das Meer ist da und der Wind und der Nebel, und der Leuchtturm von Arkona heult, und die Kinder stehen da mit ihrem gemausten Tannenbaum und starren und lauschen und trinken es in sich ein …

Und plötzlich sehen sie noch etwas, und magisch verführt, gehen sie dem Wunder näher. Abseits, zwischen den hohen Steinblöcken, da steht ein Baum, eine Fichte wie die ihre, nur viel, viel höher, und sie ist besteckt mit Lichtern, und die Lichter flackern im leichten Windzug …

»Lüttenweihnachten«, flüstern die Kinder. »Lüttenweihnachten für die Wildgänse …«

Immer näher kommen sie, leise gehen sie, auf den Zehen – oh, dieses Wunder! – und um den Felsblock biegen sie. Da ist der Baum vor ihnen in all seiner Pracht, und neben ihm steht ein Mann, die Büchse über der Schulter, ein roter Vollbart …

»Ihr Schweinekerls!«, sagt der Förster, als er die drei mit der Fichte sieht.

Und dann schweigt er. Und auch die Kinder sagen nichts. Sie stehen und starren. Es sind kleine Bauerngesichter, sommersprossig, selbst jetzt im Winter, mit derben Nasen und einem festen Kinn, es sind Augen, die was in sich reinsehen. Immerhin, denkt der Förster, haben sie mich auch erwischt beim Lüttenweihnachten. Und der Pastor sagt, es sind Heidentücken. Aber was soll man denn machen, wenn die Gänse so

Fallada und »Suse« mit den Kindern Uli und Lore,
genannt »Mücke«

schreien und der Nebel so dick ist, und die Welt so
eng und so weit und Weihnachten vor der Tür …
Was soll man da machen …?

Man soll einen Vertrag machen auf ewiges Still-
schweigen, und die Kinder wissen ja nun, dass der
gefürchtete Rotvoß nicht so schlimm ist, wie sich die
Leute erzählen …

Ja, da stehen sie nun: ein Mann, zwei Jungen, ein
Mädel. Die Kerzen flackern am Baum, und ab und zu
geht auch eine aus. Die Gänse schreien, und das
Meer braust und rauscht. Die Sirene heult. Da stehen
sie, es ist eine Art Versöhnungsfest, sogar auf die Tiere erstreckt, es ist Lüttenweihnachten. Man kann es
feiern, wo man will, am Strand auch, und die Kinder

werden es nachher in ihres Vaters Stall noch einmal feiern.

Und schließlich kann man hingehen und danach handeln. Die Kinder sind imstande und bringen es fertig, die Tiere nicht unnötig zu quälen und ein bisschen nett zu ihnen zu sein. Zuzutrauen ist ihnen das.

Das Ganze aber heißt Lüttenweihnachten und ist ein verbotenes Fest, der Lehrer Beckmann wird es ihnen morgen schon zeigen!

VIII

Glückliche Jugendzeit –
direkt neben den Falladas

Fridolin der freche Dachs (1944)

*Aus Kapitel 1: »Fridolins glückliche Jugendzeit«: Die
Dachsfamilie im Haus am See (wo Fallada mit Frau und
Kindern wohnt)*

In dem Haus am See wohnten die Leute, in der
Höhle am Südhang des Baumwerders hauste der
Dachs.

Die Leute hatten das Haus eines Tages einfach gekauft; sie nahmen große Veränderungen vor, in ihm
und um das Haus herum. Die Veränderungen in dem
Haus interessierten den Dachs Fridolin gar nicht,
aber dass diese Leute überall Zäune zogen, kreuz und
quer, über seinen geruhigsten Nachtwegen, und dass
sie ihn dadurch von seinen besten Futterplätzen ab-
schnitten, das bereitete ihm manchen Kummer. Auch
hatten diese Leute viele Kinder, wie viele, so weit
konnte Fridolin nicht zählen, denn ein Dachs kann
grade bis zwei zählen, was mehr ist als zwei, das
nennt er viel.

Aber wir wissen, wie viele Kinder diese Leute hatten, nämlich drei; sie wurden genannt: der Uli, die

Mücke, der Achim. Und außer den Kindern hatten die Leute noch einen Hund, Teddy, und die Leute und die vielen Kinder und der Hund hatten es sich angewöhnt, auf den Baumwerder zu laufen und dort herumzuspielen und Krach zu machen, und der Hund jagte und stöberte überall. All das störte Fridolin, den Dachs, gewaltig.

Der hatte sich seine schöne Höhle nicht kaufen können, sondern er hatte sich sie eigenpfotig mit großer Mühe ausgebaut. Ursprünglich hatte Fridolin nicht auf dem Baumwerder gewohnt, erst ein bitteres Erlebnis hatte ihn gezwungen, nach dort aus dem gut drei Kilometer entfernten Hullerbusch zu verziehen – und das ist ein weiter Weg für einen Dachs.

Der Hullerbusch ist ein mäßig großer Buchenwald, auf einer Hochebene gelegen, die nach Norden und Süden zu zwei Seen hin abfällt, zum Schmalen Luzin und zum Zansen, wie die Leute diese Seen nennen. Am Südhang zum Zansen hatte Fridolin seinen ersten Bau gehabt, und dort, am Südhang im lichten Buchenwald, war er auch aufgewachsen, liebevoll betreut von seiner Mutter Friedesinchen, mit seinen drei Geschwistern, die Friedrich, Frieda und Friederike hießen.

Seinen Vater hatte Fridolin nie kennen gelernt, denn die Dachse, die von Natur zur Einsiedelei neigen, leben stets für sich allein. Auch Mann und Frau hausen nicht miteinander, sondern die Mutter muss allein die Jungen aufziehen, bis sie groß genug sind, sich selbst in der Welt weiterzuhelfen. Mutter Friedesinchen hatte ihren Kleinen aber mancherlei von ihrem Vater Frieder erzählt, der wegen seiner Brummigkeit und wegen seines Griesgramtums unter den Dachsen hoch geehrt war. Denn die Dachse schätzen mürrisches Wesen ebenso sehr wie die Menschen Freundlichkeit; sie finden, je weniger ein Dachs die andern Dachse braucht, umso schätzenswerter ist er, und am höchsten ist der Dachs zu verehren, lehrte Mutter Friedesinchen ihre Kinder, der überhaupt nicht gemerkt wird.

Also am Südhang zum Zansen im lichten Buchenwald hatte Fridolin seine Kindertage verlebt, und sehr schön waren sie gewesen! Am Ende eines sehr kalten Februar war er mit seinen Geschwistern geboren worden, aber von der Kälte draußen in der Welt hatten die Kleinen nichts zu spüren bekommen: Die Mutter hatte die Höhle warm mit trockenem Laub, mit weichem Moos und langem Gras gepolstert – das war ein richtiges molliges Nest. Zwei Meter tief lag diese Höhle unter dem Erdboden, so weit drang kein Frost.

Auf die Sauberkeit war Friedesinchen besonders erpicht. Sie hatte einen kurzen Gang von der Wohnhöhle fort gegraben und am Ende dieses Ganges einen ganz kleinen Kessel angelegt. Sie gewöhnte ihre Kinder schnell daran, für jedes Geschäft auf dieses

Klosettchen zu gehen und die Losung, wie man das nennt, gut unterzuscharren. Auch alle von den Kleinen angenagten Speisereste trug sie dorthin, denn nichts ist den Dachsen so verhasst wie der Gestank von Verdorbenem und Unrat. Darum legen sie auch außer den sechs bis acht Schlupfröhren, die vom Kessel ins Freie führen, noch zwei oder drei steile Schächte an, damit die Luft in der Höhle immer sauber und rein sein möge.

Von der ersten, ganz in der warmen, weich ausgepolsterten Höhle verlebten Zeit wusste Fridolin später natürlich gar nichts mehr. Wie seine Geschwister war er blind zur Welt gekommen, es dauerte lange Zeit, bis er sehen und ein wenig herumkriechen lernte. Die Nahrung war knapp in dieser Zeit; auf den eiskalten Februar war ein böser, nasser März gefolgt, und Mutter Friedesinchen hatte ihre liebe Not, die vier Mäuler ihrer Kinder und das eigene dazu sattzubekommen. Sie war aber unermüdlich tätig, und ganz gegen die Gewohnheit der Dachse fuhr sie sogar manchmal am Tage aus ihrem Bau, wenn die Kinder gar zu jämmerlich nach Futter quiekten.

IX
Versuche mit der Imkerei –
nicht sehr erfolgreich

Heute bei uns zu Haus (1943)

Aus dem Kapitel »Bienen im Garten, Honig des Lebens«:
Über die ersten Versuche mit der Imkerei

So wurde ich Imker. Schritt für Schritt hatte mich
mein Schicksal in mein neues Steckenpferd hinein-
gelistet, alles Wehren hatte mir nichts geholfen.

Zum ersten Mal zog ich mir selbst eine Gazehau-
be übers Haupt, steckte die Hände in Gummihand-
schuhe und brannte mir einen gewaltigen Knösel an.
Dann öffnete ich die Hintertür der Beute, und eine
kräftige Bienenkollektion fuhr mir um Kopf und
Hände.

»Ruhig Blut!«, sagte ich zu mir, als ich merkte, dass
Bienen ihren Weg auch unter einen Gazeschleier finden und dass es nicht angenehm ist, wenn eine Biene
langsam über Lippen und Nase marschiert, noch un-
entschlossen, wo sie stechen wird, aber fest entschlossen, zu stechen …

»Nur ruhig Blut«, sprach ich, als ich entdeckte,
dass man auch seine Hosen unten zubinden muss,
sonst klettern einem die lieben Tiere langsam an den

Beinen hoch, erreichen über dem Strumpfband das nackte Fleisch, wandern weiter auf der bloßen Haut unter der Unterbüx, kommen in Gegenden ...

Und dabei arbeitest du oben mit den Händen immer fort, stellst in die immer stärker brausenden Beuten Holzkistchen mit Zuckerwasser, auf denen ein Bretterrost schwimmt, schließt den Kasten, gehst zum nächsten – autsch, das war wieder ein Stich!

Ist der erste Stich gefallen, folgen schnell viele, das müssen die Bienen riechen, wenn eine gestochen hat.

Aber schon bei dieser einfachen Fütterung merkte ich, dass mit meinen Bienen nicht alles so in Ordnung sein konnte, wie Onkel Herbert behauptet hatte. Manche Völker hatten an einem Tage schon ihr Zuckerchen ausgetrunken, andere in zehn Tagen noch nicht, und jedes Volk musste doch eine bestimmte Menge Zucker im Herbst aufspeichern – als Ersatz für den weggenommenen Honig –, sonst verhungerte es über Winter.

Wenn ich aber tollkühn solch enthaltsames Volk auseinanderpolken wollte, um den Grund dieser Abstinenz zu erfahren, erwies sich, dass die Schienen in den Beuten kaputt waren, die Waben waren ineinander gebaut, man hätte alles zerstören müssen.

Das konnte nicht stimmen! Außerdem ärgerte mich das Dunkel im Bienenhaus, nichts war zu sehen, und wenn man ein Volk »nachsah«, musste man doch wenigstens sehen können!

Natürlich las ich in diesen Tagen auch schon die kleine Bienenzeitschrift, die sich Onkel Herbert bestellt hatte. Und zufällig las ich in ihr den Artikel eines Herrn Schuster, der klar und anschaulich geschrieben war. Ich hatte keine Ahnung, wer Herr Schuster war, aber sein Wohnort lag nicht sehr entfernt von uns. So schrieb ich Herrn Schuster einen kleinen Brief, ich sei in Nöten mit meinen Bienen, und wenn es ihm seine Zeit erlaube ... Es würde wirklich sehr freundlich von ihm sein ... Selbstverständlich würde ich alle Kosten tragen ...

Am nächsten Morgen saß Herr Schuster in meiner Stube. Eine halbe Stunde später wirtschaftete er in meinem Bienenhaus, und ich hatte den aufopferndsten, uneigennützigsten Bienenberater von der Welt! Es gibt eben viel mehr uneigennützige Hilfsbereitschaft, als man manchmal glaubt!

Herr Schuster war ein alter, in den Ruhestand getretener Landschullehrer um die Siebzig herum. Er hatte einen kahlen Kopf, einen langen weißen Schnurrbart, dessen Enden wie bei einem Wachtmeister der kaiserlichen Zeit festgedreht waren, eine hohe, helle Stimme und ein Herzleiden.

Sonst war Herr Schuster Imker, und er ist in seinem Leben wohl nur Imker gewesen. Die Imkerei war ihm Lebenszweck, Sinn des Daseins. Er lebte nur für die Bienen, er dachte nur an Bienen, er interessierte sich nur für Bienen. Selbst jetzt als alter

Mann, da er den eigenen Bienenstand aufgegeben hatte, wirkte er immer weiter für die Imkerei: Er verteilte Futterzucker, besuchte Tagungen, schrieb Artikel, beriet andere und aß Honig in unvorstellbaren Mengen. Ich hätte es nie für möglich gehalten, aber Herr Schuster versicherte mir, dass er und seine Frau im Jahre gut drei Zentner Honig verbrauchten. Dann erlebte ich ihn bei uns Honig essend. Eine dünne Scheibe Brot mit ein wenig Butter lag auf seinem Frühstücksteller. Nun fuhr er mit dem Messer in den Honigpott. Es war guter, abgelagerter Honig, zweimal geseiht und vierzehn Tage täglich dreimal mit einem dreikantigen Buchenstab fünf Minuten lang gerührt, wie es ein soll. Also kein flüssiges Zeug, sondern eine feste, weißgelbliche Masse, anzusehen etwa wie jener weiße Bernstein, der »Knook« heißt.

Herr Schuster schnitt sich ein Stück etwa vom Gewicht eines halben Pfundes heraus, und das aß er nun teelöffelweise, wobei hinter jedem dritten oder vierten Teelöffel ein Bisslein Brot eingeschaltet wurde. Herr Schuster plauderte dabei fort von den Bienen, während er unseren Wochenbedarf an Honig auf einmal erledigte. Er hatte unsere weit aufgerissenen Augen überhaupt nicht bemerkt. Er versicherte uns, nur seinem Honigessen und dem Umgang mit Bienen verdanke er sein frisches Alter. Wenn dem wirklich so war, haben die Bienen sein Herz sträflich vernachlässigt, denn das machte Herrn Schuster redlich zu schaffen. Gott bewahre mich im Übrigen vor solchem Honigesser in der eigenen Familie – ich müsste die Schriftstellerei an den Nagel hängen und nur noch Honig erzeugen!

An jenem Morgen aber, da Herr Schuster so überraschend schnell meinem Hilfeschrei gefolgt war, gab es keine lange Zeit zu plaudern. Herrn Schuster dürstete es nach meinen Bienen, mich nach Klarheit. Er ergriff seine Ledertasche am Henkel, in der er mit dem Nachtzeug alles Bienenwerkzeug mit sich führte, und folgte mir in den Garten.

Wenn mit den Bienen vielleicht nicht alles im Lote war, mein Bienenhaus, dieser Turm aus Eiche und Felsengestein, sollte Herrn Schuster schon imponieren!

Herr Schuster sank fast in Ohnmacht!

Als er sich ein wenig erholt hatte, rief er: »Das, das soll ein Bienenhaus sein? Wie soll man denn da drinnen arbeiten? Ist ja stickeduster drin! Da müssen Fenster rein! Fenster in die Seite, Fenster ins Dach! Es kann nicht hell genug sein im Bienenhaus! Warum haben Sie das Dings bloß so duster gebaut?!«

»Ich denke, die Bienen fliegen ins Licht?«, bemerkte ich erschüttert.

»Na ja, und warum sollen sie nicht? Machen Sie die Tür auf, draußen ist es noch heller, schon fliegen die Bienen ab. Bauen Sie ein Bienenfenster ein, ein Fenster mit einem offenen Spalt, durch den die Bienen aus, aber nicht herein können. Ich zeichne Ihnen nachher gleich eine Skizze! Nein, sowas, ein Bienenhaus ohne Fenster! Manche Imker lassen sich sogar elektrisch Licht in ihre Bienenhäuser legen, weil sie es nicht hell genug kriegen können. Die geringste Kleinigkeit auf der Wabe muss man sehen können! Wie wollen Sie denn in dieser Finsternis je eine Königin finden?!«

Er sah mich betrübt an, und ich kam mir wie ein rechter Dummkopf vor. Und doch dachte ich dabei, dass mein Bienenhaus mit Fenstern sehr viel schöner aussehen würde. Ich würde das für die Ewigkeit gebaute Felsgestein durchbrechen, Fenster einsetzen lassen, Bienenfenster nach Sonderskizze …

»Und das sind also Ihre Beuten«, sagte Herr Schuster. Er hatte die Tür des Bienenhauses weit aufgestellt und betrachtete nachdenklich die Hinterseite meiner Kästen.

»Ja, das sind meine Beuten«, antwortete ich ein wenig ängstlich. »Sind die etwa auch nicht richtig?«

»Doch, die sind schon richtig!«, sagte Herr Schuster. »Die sind so richtig, dass ich Ihnen die für ein Bienenmuseum abkaufen werde, wenn Sie die Dinger nicht mehr brauchen! Als Muster von Beuten, wie sie nicht sein sollen. – Mein lieber Herr, in solchen Kästen werden Sie nie Erträge haben! Wenn Sie mit solchen Kästen wirtschaften wollen, schmeißen Sie Ihr Geld einfach zum Fenster hinaus!«

»Was müssten denn das für Kästen sein?«, fragte ich bedrückt.

Herr Schuster sah mich mit dem leuchtenden, erbarmungslosen Blick des Fanatikers an. Er sprach mit fester Stimme: »Hier muss der Wolfenbütteler Kuntzsch-Zwilling her!«

Sein Blick wurde immer durchbohrender.

Ich erzitterte in meinen Schuhen. »Der Zwilling«, murmelte ich.

»Jawohl, der Zwilling.«

Trotz Maeterlinck, Onkel Herbert und Bienenzeitschrift hatte ich keine Ahnung, was Zwillinge mit Bienen zu tun haben.

Herrn Schusters Blick wurde milder, als er mich so schuldbewusst sah. »Na, nun wollen wir mal in die Dinger sehen!«, sagte er leutselig, und wir legten unsere Kriegsrüstung an.

Darauf sah Herr Schuster in die Dinger! Du lieber Gott, Bienenvolk auf Bienenvolk riss er mitleidslos auseinander, Honig triefte, es gab Tote und Verwundete in Massen, Stiche gab es, viele Stiche. Herr Schuster zeigte mir, dass kein einziger Kasten in Ordnung war, dass alle Rahmen schief hingen, dass die Spanndrähte gerissen waren, dass die Wachsmotte, diese Räuberin, sich in jedem Volk eingenistet hatte. Er bewies mir, dass Onkel Herbert nie ein Volk wirklich durchgeprüft hatte, es war einfach nicht durchzukommen.

»Alles Bruch! Alles verrotteter Bruch!«, stöhnte Herr Schuster.

»Na, natürlich, die sind froh gewesen, dass sie Ihnen das angedreht haben! Was haben Sie dafür bezahlt? – Unglaublich!«

Ich stand dabei und bewunderte Herrn Schuster. Um den Kopf trug er einen Schleier wie ich, aber vergeblich hatte ich versucht, ihm meine schönen Imkerhandschuhe aus Gummi aufzureden. »Nein, nein«, sagte er. »So was brauche ich nicht. Ich fühle besser ohne Handschuhe.«

So arbeitete er mit nackten Händen, mitten im Bau, umschwirrt von Tausenden wütender Bienen. Sie stachen ihn, oh, wie sie ihn stachen! Dutzende von Stichen hat er an diesem Tage bekommen. Sie schwollen natürlich nicht an, er war immun gegen Bienengift, aber der Einstich tut immer weh, gegen den Schmerz des Einstichs wird man nie immun. Wer's nicht glaubt, der kann sich ja jeden Tag zwanzig-, dreißigmal kräftig mit einer Stecknadel stechen, ob er nach zehn oder vierzehn Tagen den Stich nicht mehr fühlt.

So hat Herr Schuster immer bei mir gearbeitet, ohne jeden Handschuh, viele hundert Stiche hat er bei mir empfangen. Wurde es ganz schlimm, gab er abgerissene Laute von sich: »Da! – Da wieder! – Nu! – Aber nein! – Na, nu lass … Gut! Da! Na …!« Aber er arbeitete unentwegt weiter, die Hand, mit der er die Wabe hielt, zuckte nicht unter noch so vielen Stichen.

Vergebliche Versuche, Bienenschwärme hoch oben aus dem Baum einzufangen

Gewappnet ergriff ich den Bienenkorb und setzte seufzend den Fuß auf die Leiter. All meine Jungensjahre bin ich vom Turnunterricht dispensiert gewesen, und heute, da ich ein Fünfziger bin, schwärme ich erst recht nicht für Turnen. Zehn Meter ist eine gewaltige Höhe, wenn man sie eine schwankende Leiter hochklettern soll, nur mit einer Hand als Stütze, denn in der anderen hielt ich ja den Bienenkorb! Und auch nicht einfach so eine glatte Leiter hochklettern, ach, kein Gedanke! Es ging ja mitten durch die Krone, ich musste mich durch Geäst zwängen, und war ich glücklich durch, hing sicher mein Korb irgendwo fest!

Ich war die Leiter noch nicht halb hoch, da zitterten meine Knie, das Hemd klebte mir auf dem Buckel, und ich dachte: »Ach, schöne Welt! In was für Gefahren bringst du deine Menschen! Sitzen sollte ich und Roman schreiben, der mir viel schönes Geld bringen wird, und hier steige ich für einen Bienenschwarm im Werte von zehn Mark in die Luft und gefährde dabei Glieder und Leben!«

Weiter! Höher hinauf! Die Leiter wackelt bedenklich, und ich wackele noch viel bedenklicher mit!

Wieder muss ich mich durch so ein Astgewirr zwängen, unten blitzt blau der See, über mir, schon nicht mehr sehr ferne, brausen die Bienen. Da erhascht es meinen Imkerhut, irgend so ein sperriger Ast reißt ihn mir halb vom Kopf!

Ganz so praktisch sind die Dinger also doch nicht – wenigstens nicht für diesen Zweck! Der Rand ist viel zu breit, man bleibt überall damit hängen. Aber jetzt noch einmal runtersteigen und statt des Hutes eine Kappe aufsetzen? Nicht zweimal klimme ich diese Leiter empor! In den dicksten Büchern steht es geschrieben: Beim Schwärmen sind die Immen stechfaul. Also werde ich es wagen, wenn jetzt das Gesicht auch so gut wie ungeschützt ist!

Ich klimme weiter empor – der Mensch ist eben ein hartnäckiges Tier: Ein Maulesel ist die verkörperte Sanftmut gegen mich!

Da hängt nun also die Traube! Groß und schwer, ein goldigschwarzes Gewimmel, ein schöner Anblick, doch, doch! Friedliches Brausen erfüllt sanft mein Ohr. Und so was soll ich wegfliegen lassen? Nie! Der Schwarm hat sich schon einigermaßen beruhigt, nur wenige Bienen fliegen noch aufgeregt um ihn, fast alle sitzen schon übereinander.

Nun kommt das Schwerste! Ich muss mit beiden Händen die Leiter loslassen, frei auf ihr stehen. Ich klemme die Knie gegen die Holme, halte den Korb unter den Schwarm und schlage kräftig mit der Faust gegen den Ast. Mit einem schweren Klacks fällt ein dicker Klumpen Bienen in den Korb, andere wirbeln hoch, umsurren mich aufgeregt. Noch ein Schlag! Und noch einer!

So, da hätten wir sie also, die meisten nämlich; die mich jetzt so wild umsummen, die noch vereinzelt an den Ästen sitzen, werden sich schon herunterziehen!

Ich drücke den Korb gegen meine Brust und mache mich auf den Rückmarsch. Sehr zufrieden bin ich, es ist ein wunderbarer Schwarm, mindestens sechs Pfund schwer, das sind viele tausend Bienen. Aber allmählich beim Absteigen, beim Durchzwängen durch die Äste, mit dem vollen Korb, umsummt von Hunderten von wütenden Bienen, mindert sich mein Glück: Es wäre gar nicht schlecht, wenn der Schwarm nicht gar so groß wäre. Der Aufstieg war ein Kinderspiel gegen diesen Abstieg. Ich krieche wie eine Schlange zwischen den Zweigen durch, den Korb wie ein Tabernakel schützend. Da reißt mir ein Ast meinen patentierten Bienenhut ganz ab, und sofort habe ich den ersten Stich, ausgerechnet ins Ohrläppchen!

Lassen Sie mich schweigen vom Rest meines Abstiegs, wozu so alten unermesslichen Schmerz erneuern? Genug, ich kam mit meinem Schwarm unten an. Still und gebrochen setzte ich den Korb auf ein Brett unter den Gravensteiner. Dann stieg ich die Leiter wieder hoch und holte meinen Bienenhut. Ich ging ins Bienenhaus, machte mich menschlich. Mein Versuch, ungesehen über den Hof in meine Schreibstube zu kommen, misslang natürlich.

»Gott, wie siehst du aus!«, rief Suse. »Die haben dich ja schön vorgehabt! Hast du wenigstens den Schwarm?«

»Jawohl, ich habe ihn«, sage ich traurig und schleiche mich zu meiner Schreiberei.

Es dauert eine ganze Zeit, bis ich mit ihr in Gang komme. Mein Gesicht ist in einem scheußlichen Zustand. Langsam konzentriere ich meine Gedanken wieder auf die Arbeit, ich fange an zu schreiben …

Ich habe noch nicht lange geschrieben, da klopft es an meiner Tür.

»Na. was ist denn nun wieder los?«, rufe ich sehr ungnädig.

»Lieber Junge«, sagt Suse sehr vorsichtig, »ich fürchte, dein Schwarm ist wieder ausgerissen. Er sitzt wieder oben im Baum …«

»Was?!«, rufe ich und starre mein teures Weib mit weit aufgerissenen Augen an. »Er ist wieder ausgerissen?! Dann habe ich die Königin nicht mit erwischt!« Ich sehe auf das Papier vor mir, ich denke an mein Schreibpensum. »Also ist es gut!«, sage ich entschlossen. »Lass sie! Ich kann nicht wegen der dämlichen Bienen meine ganze Arbeit versäumen! Lass sie sausen!«

»Schön«, sagt Suse. »Aber wenn du mich vielleicht doch dabei brauchst? Ich helfe dir gerne!«

»Was soll der Quatsch?!«, schreie ich. »Ich erzähle

dir doch, die Bienen sind mir piepe! Was soll ich dich da brauchen –!«

Aber Suse ist längst die Treppe hinunter. Seufzend mache ich mich an meine Schreiberei.

Nach drei Minuten lege ich den Halter aus der Hand. Ich kann es einfach nicht verantworten, die Bienen da hängen zu lassen, einen so wunderbaren Schwarm, einem fast sicheren Untergang ausgeliefert. Wieder schleiche ich mich zum Bienenhaus. Jawohl, der Korb ist leer, oben an der alten Stelle hängt wieder die Traube. Die sind bequemer hochgekommen als ich! Ich rüste mich, diesmal aber mit enger Kappe, und steige wieder die Leiter hinauf.

Was soll ich noch viel erzählen? Dreimal bin ich in den Wipfel des Gravensteiners hinaufgestiegen und habe den Bombenschwarm heruntergeholt, und dreimal ist er mir wieder weggeflogen, das letzte Mal auf Nimmerwiedersehen! Und das war erst der Anfang in diesem Jahr! Lieber Leser, jetzt will ich dir etwas gestehen, was ich nicht einmal meinem treuen Berater, Herrn Schuster, gestanden habe: In diesem Jahr hatte ich bei der kuntzschischen schwarmfreien Betriebsweise einundzwanzig Schwärme, Vorschwärme, Nachschwärme. Ich hatte alle Arten von Schwärmen, die es gibt, und dann hatte ich noch die Schwärme, die es überhaupt nicht gibt, von denen kein Buch erzählt, von denen kein Imker weiß.

Und von all diesen einundzwanzig Schwärmen hat

sich nicht einer an einen Halbstamm angelegt, sie alle gingen nur in die höchsten Baumwipfel! Immerzu zog ich mit der langen Baumleiter um. Fluchend, stöhnend, meine Hausgenossen bedrohend, aber beharrlich stieg ich in den Bäumen herum, bis sich schließlich meine Völker kahl und arm geschwärmt hatten, bis aus den Bombenschwärmen kleine Schwärmlein geworden waren, kaum größer als eine Kinderfaust.

Aber all dies, und manche Enttäuschung noch, hat mich nicht entmutigen können. Ich grübelte über den Fehler nach, den ich gemacht haben musste, und ich fand meinen Fehler. Im nächsten Jahr würde ich es besser machen, und im nächsten Jahr machte ich es besser. Im nächsten Jahr erntete ich schon über zwei Zentner Honig!

Heute, da ich diese Zeilen schreibe, am 20. April des Kriegsjahres 1942, bin ich in das dritte Jahr meiner Imkerei eingetreten. Heute habe ich die Frühjahrsrevision meiner Bienen abgehalten. Ein schwerer, sehr langer Winter liegt hinter uns, oft habe ich mich sorgenvoll gefragt: Werden meine Bienen auch nicht erfrieren? Werden sie auch nicht verhungert sein?

Beute für Beute habe ich geöffnet, Wabe für Wabe habe ich in die Zange genommen und betrachtet. Mein Herz ist von Glück erfüllt: Alle meine Völker leben, sie haben Vorrat noch an Honig und Zucker, sie haben Vorrat genug an Honig und Zucker. Jetzt fangen sie schon an, Blütenstaub von dem Krokus und den Kätzchen einzutragen. Und mehr noch: Ihre Königinnen sind gesund und stark, in jedem Volk fand ich Eier, Larven, Nymphen ... Ich sah schon verdeckelte Brut, ich sah auch junge Bienchen, die eben den Deckel ihrer sechseckigen Wiege zernagt hatten und nun hervorkrochen, noch grau und zerknittert ...

Welch seltsames Glück! Was ist es denn, das einem das Herz schneller klopfen macht, wenn man das Gesicht über die von fremdem Leben wimmelnde Wabe neigt, dieses Gesicht, von dem die Tiere nichts wissen –? Wie ein bleicher Mond ist es über ihnen.

Es kann nicht die Freude darüber sein, dass solch starkes Volksgewimmel eine gute Honigernte verspricht, so materiell klopft mein Herz nicht. Und es kann nicht die Zärtlichkeit sein, die jeder Mensch für ein hilfloses Wesen hat, das er betreut, sei es nun ein Kind oder ein Tierjunges. Denn die Bienen sind nicht hilflos, nicht in dieser Art lassen sie sich betreuen.

Viel weiter her, aus viel tieferen Gründen des Seins muss dieses Glück kommen. Neigt vielleicht zu dieser Stunde Gott sein Antlitz über die Wabe Welt, sieht wimmelndes Leben und lächelt – von ferne? Ach, es ist ein seltsam seliges Glück, ein bisschen Herrgott zu sein – über einer Bienenwabe!

Lieber Onkel Herbert, der du nun schon ein Jahr in griechischer Erde ruhst, du mein erster und einziger Gärtner – ich danke dir für die Bienen, die du mir aufgezwungen hast!

X
Was Nationalsozialisten fürchten –
und wie sie Erfolg suchen

In meinem fremden Land.
Gefängnistagebuch (1944)

Fallada über sein Schreibverbot

Wenn ich aber für ein paar Stunden nach Mahlen-
dorf dürfte, würde ich dieses MS. mitnehmen, ich
würde die Niederschrift an der Stelle abbrechen, wo
ich grade angelangt wäre, trotzdem ich das vielleicht
wichtigste Kapitel über den Krieg noch nicht geschrieben habe. Es täte mir nicht einmal leid, so abbrechen zu müssen. Ich bin mit großen Erwartungen
an diese Arbeit gegangen, aber jetzt bin ich etwas
enttäuscht. Es kommt mir vor, als seien alle meine
Erlebnisse nur kleinliche Zänkereien, die jeden Menschen langweilen müssen. Ich habe Zorn, Erbitte-
rung, manchmal Furcht empfunden, als ich sie durch-
lebte. Jetzt, da ich sie niederschrieb, empfand ich
nicht einmal das mehr. Wie sollen sich da Zorn, Er-
bitterung, Furcht auf den Leser übertragen? Er wird
sich nur öden beim Lesen! Und doch sage ich mir:
Was sollte ich anderes schreiben? Ich habe nicht mitten im Tagesgeschehen gestanden, ich war nicht der

vertraute Freund von Ministern und Generälen, ich habe keine großen Enthüllungen zu machen. Ich habe das Leben wie alle gelebt, das Leben der kleinen Leute, der Masse. Und unser Leben hat, soweit wir keine Parteimitglieder waren, im Dritten Reich eben aus Streitereien bestanden, aus lauter kleinen Kämpfen, die wir durchfechten mussten, um unser Dasein zu erhalten. Nichts Großes geschah weiter. Wie ein Verleger nicht mehr Bücher verlegen konnte, sondern einen törichten Schriftwechsel um jeden Dreck führen musste, so konnte auch der Bücherschreiber sich nicht ungestört seiner Arbeit widmen, ständig gab es Reibereien, Aufregungen, Störungen. Und wie habe ich mich im Schreiben meiner Bücher selbst ändern müssen! Ich konnte nicht mehr daran denken, die Bücher zu schreiben, die mir am Herzen lagen. Jede Schilderung dunklerer Gestalten war mir streng untersagt. Ich hatte optimistisch und lebensbejahend zu sein, grade in einer Zeit, die mit Verfolgungen, Martern und Hinrichtungen den Sinn des Lebens verneinte. So habe ich seit dem »Wolf« eigentlich nichts, was mir noch am Herzen läge, geschrieben. Ich bin in die seichte Unterhaltung abgesackt. Jawohl, meine Erinnerungsbücher – sie haben den Leuten viel Spaß gemacht, aber sie waren doch auch nur Ausflüchte. Ich fühle mich wirklich noch nicht so alt, dass ich schon von meinen Lebenserinnerungen leben möchte. Das wäre sehr viel hübscher gewesen, wenn ich das zehn oder zwanzig Jahre später hätte tun dürfen. Aber das war es ja, sie entfernten uns systematisch von unseren eigenen Aufgaben, sie duldeten nicht, dass wir dem Ruf in der eigenen Brust folgten. Für sie gab es nur den einen Ruf, den sie ausstießen. Denn sie fürchten das Individuum, die Individualität, sie wollen die ungestaltete Masse, in die sie ihre Schlagworte hineinjagen können. Sie haben es damit, besonders jetzt im Kriege, herrlich weit gebracht. Sie haben die Zwangsarbeit eingeführt, sie verbieten jedem Menschen unter den schwersten Drohungen, die Arbeit zu tun, die ihm lieb ist, für die er geboren wurde. Sie zerstören jeden Menschen – und mit den Puppen, die dann zurückbleiben, haben sie leichtes Spiel.

Wie wird Deutschland nach diesem Kriege aussehen? Was werden es für Deutsche sein, mit denen man dann leben muss? Ein schrecklicher Gedanke! Wie wenige werden Reste ihres wirklichen Ich sich bewahrt haben! Und sie werden die Veränderung, die mit ihnen vorgegangen ist, nicht einmal spüren! Sie werden sagen: »So waren wir immer!«

Also, ich bin nicht zufrieden mit dem, was ich geschrieben habe. Obwohl ich nicht weiß, wie ich es hätte anders schreiben können. Ich fahre damit fort, beharrlicher als ein Maulesel. Sollte ich aber vielleicht für ein paar Stunden nach M. dürfen, so breche ich ohne Reue ab, ohne Bedauern. Vielleicht ist mein

Herz doch schon bitter geworden durch das, was ich bisher schrieb? Ich weiß es nicht. Aber ich wäre glücklich, wenn ich heute Abend ein »Ja« hörte. Ich würde das schon schaffen, mit dem Hinausschmuggeln – trotz des bewachenden Beamten! Und dann, das erleichterte Gefühl: Das meiste von dem, was du schreiben wolltest, liegt sicher in M! Ich könnte wieder ruhiger schlafen. Wieder eine Aufgabe wäre erfüllt.

XI

Von Anfängen in der Schriftstellerei – und endlichem Können

Wie ich Schriftsteller wurde (1946)

Anfänge im Elternhaus: Fallada liest die Reclam-Bänd-chen seines Vaters. Und er schreibt die ersten Romane, die aber noch keine »echten« waren.

Und doch habe ich all diese Zeit – das aber erfuhr ich erst Jahrzehnte später – gelernt, gelernt für das, was ich einmal werden sollte; ein Schriftsteller. Ich war nämlich fast immer mit Menschen zusammen, ich stand hinter den endlosen Reihen der schwatzenden Frauen beim Rübenhacken, beim Kartoffelbuddeln, und ich hörte die Frauen und die Mädels schwatzen, von morgens bis abends ging das. Abends schwatzte dann der Chef, und auch die Schweizer im Kuhstall schwatzten wie die Knechte beim Füttern im Stall. Ich konnte ja nicht anders, ich musste zuhören, ich lernte, wie sie reden und was sie reden, was sie für Sorgen haben, was ihre Probleme sind. Und da ich ein sehr kleiner Beamter war, der auf keinem Pferd herumritt, sondern höchstens der Zeitersparnis halber das Dienstrad benutzte, so hatten die Leute auch keine Hemmungen, mit mir zu reden, ich habe es damals gelernt, mit jedem Menschen zu schwatzen. Wenn man ein halbes Jahr lang fast keine Stunde von dem verdammten Zuckerrübenacker herunterkommt, so gehört man eben zur Kolonne, man mag noch so sehr aus einem behüteten stillen Bürgerhaus kommen, jetzt ist man so eine Art Feldarbeiter geworden. Und wenn man auch zehnmal Beamter ist und das Kommando hat, die Leute wissen es doch, der muss ja schimpfen, oder der hat heute seinen schlechten Tag, man gehört dazu. Sehen Sie, das ist es, was mir meine Landwirtszeit eingetragen hat, dass ich aus der Vereinzelung herausgerissen wurde, dass ich mit zu allen gehörte, zu ihren Sorgen, Freuden und Nöten.

Und das war eigentlich sehr gut für mich, denn wäre ich den gewöhnlichen Weg unserer Familie über Abitur und Studiererei und Juristerei gegangen, ich wäre vielleicht nie ein Schriftsteller geworden, und das wäre schade gewesen, da ich heute noch es für das Schönste auf der Welt halte, einen Roman zu schreiben, sich vor Papier zu setzen und eine Welt zum Leben zu rufen, die vorher noch nicht da war, dass nicht nur ich sie sehe, das können wir alle, wenn wir träumen, sondern dass auch für andere meine Träume wirklich werden. Doch davon noch später.

Jetzt nur noch ein Wort über die Vereinzelung, in der ich als junger Mensch gelebt hatte und aus der mich dann mein Landwirtsdasein holte. Ich war ein kränklicher Junge gewesen und ein recht mäßiger Schüler, der oft Wochen und Monate fehlen musste, weil er im Bett zu liegen hatte. Nun, was tut man, wenn man lange im Bett liegen muss? Man liest! Mein guter Vater glaubte an den Satz von Jean Paul, dass Bücher zwar nicht gut oder schlecht, doch aber wohl den Leser besser oder schlechter machen, und weil er an diesen Satz glaubte, hielt er ein wachsames Auge auf seine Bücherschränke und teilte mir meine Lesekost genau zu. Aber Krankentage sind lang und vom Papa ausgewählte Bücher oft langweilig, so musste ich mir schon selbst helfen. Mein Vater besaß aus früheren Zeiten noch eine sehr reichhaltige Auswahl in Reclambändchen, die er der Ordnung halber in großen Kartons verwahrte und deren Fehlen er darum nicht merkte. Aus diesen Kartons stillte ich nun meinen Lesehunger, und den guten Papa wäre wohl ein Grausen angekommen, wenn er gesehen hätte, was der gute Junge da alles las: Zola und Flaubert, Dumas und Scott, Sterne und Petöfy, Manzoni und Lie, die ganze Weltliteratur kunterbunt durcheinander und in keiner Weise ausgewählt und gereinigt. Ich darf es hier wohl sagen, dass ich nicht glaube, mir mit meinem wahllosen Lesen irgendeinen Schaden getan zu haben, was ich noch nicht verstand, darüber las ich fort, und vieles, was ich später erst schätzen lernte, hat in meinen Jugendjahren gar keinen Eindruck auf mich gemacht.

Aber so ist es gekommen, dass ich vor der wirklichen Welt die Welt der Bücher kennen gelernt habe, ehe ich noch was vom Leben wusste, lernte ich das erdichtete Leben erdichteter Gestalten kennen. Das ist keine gute Reihenfolge, und wenn ich auf diesem Wege etwa zur Literatur gekommen wäre, so hätte ich nur nach den Mustern von Büchern wiederum Bücher geschrieben, und hätte vom wirklichen Leben nichts gewusst. Es gibt ein Gedicht von Gerhart Hauptmann, ich entsinne mich nur der Zeilen: Ich bin Papier, du bist Papier, die Welt Papier, die Hand Papier, und so wäre es mir auch ergangen, wenn ich nicht durch einen Zufall, der kein Zufall war, auf den Rübenacker gestellt wurde, ins Leben geschickt wurde.

Übrigens muss ich sagen, dass ich damals, als ich auf meinem Krankenlager so unermüdlich Reclambändchen in mich fraß, mit keinem Gedanken daran gedacht habe, einmal selber solche Bücher zu schreiben. Sie fesselten mich, alle diese Romane, weil sie meinem Verstande Stoff zum Denken und meinem Herzen Gefühle gaben, aber sie riefen damals nie irgendeinen Ehrgeiz in der eigenen Brust wach. Schriftsteller zu werden – ich hätte gar nicht gewusst, wie ich das meinem Vater erzählen sollte, und er wäre wohl ebenso ratlos gewesen wie ich, wie man das denn machte, denn dafür gab's ja kein Studium, keine Karriere, keine Prüfungen.

Doch, die gab es schon, aber diese Prüfungen waren

draußen auf dem Acker abzulernen, auf den endlosen Feldern der großen Güter, im Zusammenleben mit den Leuten, den Kollegen, den großen Herren. Lass dir den Wind um die Nase wehen, lass dich auch mal rausschmeißen, weil du über das Essen zu sehr gemeckert hast, krieche zwischendurch etwas geschlagen daheim unter, aber dann wieder hinaus, eine neue Stellung, neue Äcker, neue Leute, neue Kollegen und Chefs, und die alte Erde, die alte Arbeit, das alte Geschwätz dabei. Denn überall sind die Sorgen der Menschen die gleichen, ihr Glück das gleiche, ihre Fehler dieselben, ihre Vorzüge unverkennbar.

So ging das eine Reihe von Jahren mit mir, bis der Erste Weltkrieg diesen Weg unterbrach. Nein, ich wurde nicht Soldat oder wurde es nur für elf Tage, dann hatten sie – für den Ersten und für den Zweiten Weltkrieg – genug von meinen militärischen Fähigkeiten und schickten mich wieder fort. Aber der Krieg brachte es so mit sich, dass ich nach Berlin kam, an eine der damals bestehenden Kriegsgesellschaften, an die Kartoffelbaugesellschaft, und von da an hatte ich mich nur noch damit zu beschäftigen, den Kartoffelbau in deutschen Landen zu fördern und zu heben. Ich wurde ein Spezialist in Kartoffelzüchtung, in meinen besten Zeiten habe ich rund 1200 Kartoffelsorten nicht nur dem Namen nach gekannt, sondern auch nach dem Aussehen, den Augen, der Form und Farbe der Knolle zu bestimmen gewusst. Wieder nichts von der Literatur, ein Leben in den Eisenbahnen, von einem Gut zum andern fahrend, Ratschläge erteilend, Zuchten aufbauend, altes Saatgut auswechselnd, und dazwischen die Stadt, diese Stadt, in der ich schon mal zur Schule gegangen war und die allein ich als meine Heimat empfinde, wenn ich auch nicht in ihr geboren bin, wenn sie auch heute ganz zerschlagen ist. Nein, nichts von Literatur, und doch liegen an dem Ende dieser Epoche meine zwei ersten Romane. Ich kann diese Schande nicht ganz verbergen, ich habe schon 1918 und 1919 zwei Romane geschrieben und veröffentlicht, sogar bei dem Verleger, der viele Jahre später mein Verleger wurde, beim alten Rowohlt. Aber ich erkenne diese beiden ersten Kinder nicht an, ich habe sie später aufgekauft, einstampfen lassen, ich will nichts mehr von ihnen wissen, ich denke mit einem Grausen an sie zurück.

Und warum ist das so? Weil sie so schlecht sind? Nein, das ist der Grund nicht; ich habe auch später manches schwache Buch geschrieben, dessen ich mich nicht freue. Sondern ich will von diesen Kindern nichts wissen, weil es nicht meine Bücher waren, weil ich sie auf Anregung, auf Befehl fast einer ehrgeizigen Frau geschrieben habe, weil sie mir suggeriert waren, weil ich sie nicht aus meinem eigenen inneren Antrieb geschrieben habe. Darum rechne ich diese Bücher nicht dazu, darum lasse ich sie nicht gelten, es sind ja nicht meine Kinder. Ein wirkliches Buch muss wachsen in einem, es muss nicht von außen künstlich dazu getragen werden. Gewiss, fast jeder Mensch könnte ein Buch schreiben, aber das sind nicht die Bücher, um die es geht. Man muss Bücher schreiben, weil man sie schreiben muss! Das allein sind die richtigen Bücher, und jene damals waren solche Bücher nicht! Vorbei – eingestampft und vergessen!

Fallada schreibt Bauern, Bonzen und Bomben

Ja, da fällt mir ein, dass ich eigentlich noch eine Sache auf dem Herzen habe, eine Sache, mit der ich noch nicht klar gekommen bin. Als ich noch bei der Zeitung in dem kleinen holsteinischen Nest war, erklomm ich zum Schluss eine so hohe Stufe der Berichterstattung, dass ich sogar einem endlosen politischen Prozess beiwohnen und über ihn schreiben durfte. Bauern hatten auf Finanzämter Bomben geworfen, Bauern hatten einen politischen Umzug veranstaltet, aus dem dann eine große Schlägerei geworden war – und gegen diese Bauern wurde nun verhandelt. Aber wie das nun mal bei einer Zeitung so ist, ich durfte nicht ganz so über die Dinge berichten, wie sie mir vorkamen, ich hatte der politischen Tendenz des Blattes entsprechend zu berichten, und wie es meine städtischen Leser erwarteten, kurz, ich hatte nie das schreiben können, was ich auf dem Herzen hatte.

Das fiel mir wieder an meinen freien Nachmittagen ein. Ich hatte nun Zeit, das Versäumte nachzuholen, aber nur nachholen? Nur aufzeichnen, was damals gewesen war, was ich im Gerichtssaal vor Augen gehabt hatte? Das schien mir zu wenig, es schien mir auch, als könne das keinen Menschen so recht mehr interessieren. Ein Prozessbericht muss frisch sein, ein reiner Prozessbericht liest sich nach vier Wochen wie ein Bericht über die Neuigkeiten vor hundert Jahren. Und dazu schien mir als Drittes, als wüsste ich viel mehr, als damals im Gerichtssaal gesagt worden war, über die Dinge, die draußen auf dem Lande und in der Stadt geschehen waren, als könnte ich über das Leben der Angeklagten und der Zeugen erzählen, als könnte ich diese ganze große Sache lebendig machen, als sei sie eben erst geschehen …

Ich weiß nicht, wie lange ich damals mit diesen Gedanken herumgelaufen bin, wie sie sich in mir formten, Gestalt annahmen, bis schließlich das Wort ›Roman‹ in mir auftauchte. Ja, es stellte sich nun heraus, dass ich einen Roman schreiben wollte, ich wollte es wenigstens versuchen, denn ich hatte keine Ahnung, ob ich es konnte. Jene Bücher damals, von außen inspiriert, nur mit der eigenen lieben Persönlichkeit – du lieber Himmel, die konnte man nun wirklich nicht mit dem in Vergleich setzen, was ich nun vorhatte. Nämlich ich hatte vor, eine ganze Welt zu gestalten, Dutzende von Figuren leben und sprechen zu machen, Taten geschehen zu lassen. Folgen zu zeigen – nein, das war schon etwas sehr anderes als das, was ich einmal versucht und dann wieder aufgegeben hatte.

Maupassant hat es einmal erzählt, wie er bei dem großen Meister des französischen Romans, bei Flaubert, in die Schule gegangen ist, und wie er da zu schreiben gelernt hat, dass er es für immer konnte. Ich hatte keinen Lehrer, ich musste mein eigener Lehrer sein, und ich musste es eben versuchen, gehe es nun gut oder schlecht. Ich bin ein so abergläubischer, so heimlicher Mensch, dass ich keinem Menschen, nicht einmal meiner Frau ein Wort von dem sagte, was ich da vorhatte: ach du lieber Himmel, irgendwelche Schreibereien über den Prozess damals, du weißt doch noch, nicht wert, davon zu reden! Nein, ich war in diesen Tagen, da ich meine Arbeit begann (und immer sorgfältig fortschloss) besonders brummig und mürrisch, bloß damit ich nicht nach ihr gefragt wurde, dies war eine Sache, die ich ganz allein mit mir abzumachen hatte, und niemand wusste, wie es ausgehen würde …

Ach, diese herrlichen Stunden, die ich da in meinem Zimmer in der Calvinstraße verbrachte, als ich anfing, das, was in mir so lange gelebt, nun zu Papier zu bringen! Ach, diese kläglichen Stunden, die ich mit den Schwierigkeiten der Technik kämpfte, da ich nicht wusste, was zuerst zu erzählen, wie eine Handlung vorzubereiten, etwas schon früher Geschehenes dem Leser nachträglich beizubringen war. Diese endlosen Dialoge mit ihrem ›sagte sie, sagte er, antwortete sie, widersprach er‹… Wie da herauskommen? Wie mir der Kopf dampfte, wenn die Handlung sich immer mehr verwickelte, wenn kein Ende der Schwierigkeiten abzusehen war! Wie oft bin ich abends zu Bett gegangen, spät, lange schon schlief meine Frau, und wusste bestimmt: Morgen geht es aber bestimmt nicht weiter, hieraus findest du keinen Ausweg! Vertan, du jämmerlicher Nichtskönner du!

Und der Morgen kam, und ich wachte verdrossen auf, durch den Tiergarten trabte ich auf mein Büro, ordnete Kritiken, klebte sie auf, öffnete die Tür und führte berühmtere, begabtere Menschen in das Allerheiligste des Verlages – und keine Erleuchtung hatte sich gezeigt. Es gab eben kein Weiter!

Aber wie die Spinne immer wieder das immer wieder zerrissene Netz neu webt, so kehrte ich zurück zu meinen Manuskriptblättern, ich setzte mich hin, den Kopf noch ganz dumm von Unwissen, ich fing an, irgendwas zu kritzeln, irgendein Sätzchen, das ebenso gut nicht geschrieben wurde, bloß um doch was zu schreiben… Und plötzlich fängt die Feder an zu eilen, plötzlich weiß ich, wie alles weiterzuführen ist, plötzlich überstürzen sich die Einfälle nur so, und mein Kopf wird immer heißer, so schnell kann ich gar nicht schreiben, ich bekomme es mit der Angst, dass ich wieder vergesse, was mir eben für die nächsten Kapitel eingefallen ist. Und habe doch nicht die Zeit, mir Notizen zu machen, denn ich muss erst einmal das Nächstliegende aufzeichnen, und so jage ich denn hin, Stunden und Stunden und Stunden, und wenn ich zum Abendessen gerufen werde, so komme ich wohl, aber ich sitze dabei wie nicht von dieser Welt, und ich weiß nicht, was ich esse, und ich muss meiner Frau manchmal vorgekommen sein wie ein Wahnsinniger.

Bis dann der Strom wieder abflaut, bis ich ruhiger schreibe, bis es drei oder vier Tage später zu einem Halt kommt. Und bis ich mir wieder sage, diesmal weiß ich bestimmt nicht weiter.

Und so im Auf und Ab wird schließlich der Roman beendet, den ich zuerst ›Ein kleiner Zirkus namens Monte‹ benannte, und der dann später unter dem Titel ›*Bauern, Bonzen und Bomben*‹ erschienen ist. Als ich etwas zagend meinem Verleger Rowohlt das Manuskript übergab, war ich 37 Jahre alt und dachte nicht daran, je einen zweiten Roman zu schreiben. Mit diesem einen, dachte ich, hatte ich genug getan, ich hatte mir vom Herzen geschrieben, was unerledigt es bedrückte, und damit war es genug. Aber es ist ein seltsam Ding mit dem Schreiben von Büchern, es liegt etwas Verführerisches darin. Immer in der nächsten Zeit, wenn ich herumging und nichts zu tun hatte, als eben herumzugehen, immer, wenn ich den Tisch ansah, an dem ich ›*Bauern, Bonzen und*

Bomben‹ geschrieben, spürte ich ein Gefühl der Leere in der Brust. Und wenn ich nachts wachend lag, und ich lag jetzt oft wach, da mein Kopf nichts mehr zu bedenken hatte, dann dachte ich, ob denn das mein Leben sein solle, in einem Hinterzimmer des Rowohlt-Verlages Kritiken auszuschneiden und auf grünes Papier zu kleben, Freiexemplare zu versenden und ihre Besprechung zu buchen? War ich darum auf dieser Welt? Es schien so wenig Sinn in all dem.

Und dann dachte ich wieder an die hohen Stunden, die ich bei der Niederschrift meines ersten Buches gehabt. Es war wie ein Rausch oft gewesen, aber ein Rausch über alle Räusche, die irdische Mittel spenden können. Noch die schlimmsten Stunden, die ich ganz und gar daran verzweifelt war, wie es weitergehen sollte, schienen mir besser als jetzt meine schönsten Freistunden. Nein, es war schon so, ich hatte von einem Gift getrunken, das ich nicht wieder loswerden konnte aus meinem Körper und Geist, und nun dürstete es mich danach, mehr von diesem Gift zu trinken, es immer zu trinken, jeden Tag, den Rest meines Lebens hindurch.

Ich weiß nicht, ob ich mich klar und verständlich ausdrücke. Was ich sagen will, ist dies, dass ich nicht mehr aufhören konnte, da ich nun einmal angefangen, dass ich unter einem Zwange handelte, als ich beschloss, noch einen Roman zu schreiben, jenes Buch, das dann später unter dem Titel *›Kleiner Mann – was*

nun?‹ ein Welterfolg wurde. Ich habe es gewiss nicht
meiner Leser wegen geschrieben. Ich denke nie an
meine Leser, wenn ich ein Buch schreibe. Ich denke
nur an das Buch, an seine Gestalten, an seine Schicksale. Wenn ich außer diesen Dingen an etwas denke,
so denke ich sehr eigensüchtig an mich selbst, ich hole mir das höchste Glück, das das Leben zu verschen-
ken hat, ich hole es in Brust und Herz: Ich schreibe,
ich schreibe jede Stunde des Tages und des Nachts,
ob ich nun an meinem Schreibtisch sitze oder um-
hergehe, ob ich Briefe beantworte oder hier mit Ihnen rede, alles wird mir zum Buch, eines Tages wird
es Buch geworden sein, davon ein Stückchen, und
dort eine Miene, und hier die Stühle und Tische und
Fenster. Alles in meinem Leben endet in einem Buch.
Es muss so sein, es kann nicht anders sein, weil ich
der bin, der ich wurde.

Ich habe Ihnen von meinem früheren Leben erzählt, es sah wirklich nicht danach aus, viele Jahre sah
es nicht danach aus, dass ich ein Bücherschreiber
werden würde. Ich ging umher und tat meine Arbeit
auf den Feldern der großen Güter und in den Büros
der großen Städte wie jeder andere. Ich wusste selbst
nichts davon, dass es etwas anderes für mich zu ver-
richten gab. Aber als ich dann mein erstes Buch geschrieben hatte, gab es kein Aufhalten mehr für mich,
und nach dem ersten kam das zweite, und ihm folgte
das dritte, und so bin ich mit den Jahren das gewor-

Fallada, rauchend in seinem Arbeitszimmer

den, was man einen alten Bücherschreiber nennen kann, und ich habe nichts mehr als sie im Kopfe, und es ist kein Gedanke mehr daran, dass ich zu einer andern Tätigkeit zu gebrauchen wäre.

XII

Über die Liebe – und das Schreiben darüber

Hans Fallada / Anna Ditzen:
Wenn du fort bist, ist alles nur halb.
Briefe einer Ehe

Fallada an Suse: Über wahre Liebe (Neumünster, den
5. Januar 1929)

Du musst mich nur weiter lieb haben, dann wird schon
alles werden. Ich will Dir auch ein Geständnis machen: So viel ich auch erlebt habe, ich habe mich nie
gern lieben lassen, die Gefühle der andern waren mir
lästig. Ich finde die Geschichte Rilkes vom verlorenen
Sohn, der nicht geliebt werden wollte, so schön und
habe immer gefunden, dass sie auch ein wenig meine
Geschichte ist. Ich habe mich einmal in der Liebe
wirklich hingegeben, mich ganz so gegeben, wie ich
wirklich war, und ich bin dabei böse verletzt worden.
Ich bin so verletzt worden, dass ich das Gefühl Liebe
bei mir wirklich gefürchtet habe; ich habe die andern
von Liebe reden lassen, ich habe gelächelt, aber ich habe gemeint, das gebe es für mich nicht mehr. Ich hab
Angst gehabt. Nur nicht merken lassen, dass man sich
innen vielleicht doch einmal nach Weichheit sehnt,
lieber darüber spotten, lieber einem andern auch ein-

mal weh tun, als sich noch einmal einem Menschen in die Hand geben, der einen so wehrlos machen kann.

Dann bist Du gekommen. Ich habe in den letzten Tagen viel über das alles nachgedacht. Ich weiß jetzt, dass ich bis zur letzten Minute, ja, bis zur Sekunde, wo ich Dich in meinen Arm nahm und küsste – oh gesegnete Sekunde! – nie an meine Liebe zu Dir geglaubt habe. Ich habe es Freundschaft genannt, habe nichts gewusst. Ich wollte Dein Freund sein. Ich wollte Dir auf Deinem Wege ein paar Stunden leichter machen dürfen und mich einmal Deines Glückes neidlos freuen.

Und dann wurde ich sehend. Es wurde plötzlich taghell. Die Liebe, die arme verachtete, verspottete Liebe war plötzlich bei mir, sie hielt ich mit Dir in den Armen, sie sah mich mit tausend frohen Lichtern aus Deinen Augen an.

Aus all dem, was Dich gefreut, was Dir Schmerzen gemacht hat, was Dich einmal gequält hat, aus all dem ist jene Suse geworden, die ich heute liebe. Grade die. Und wenn ein Erlebnis aus Deinem Leben ausgestrichen würde, Du wärest nicht mehr genau die, die ich heute liebe, ein wenig verändert. So, wie Du bist, so wie Du wurdest, so liebe ich Dich und werde ich Dich immer lieben, Du mögest sprechen oder schweigen – ich bin Dein.

Und nun, liebe Suse, ade! Der Mutter sage ich einen recht herzlichen Gruß und Dank für die Sardi-

Anna Issel (1901–1990),
die Fallada »Suse« nennt

nen. Ich bin noch bei der Vertilgung, sie sollen mir heute Abend gut schmecken.

Dein Ehegatte in spe grüßt Dich verbindlichst.

Kuss!
Dein
David

[Handschriftlicher Zusatz] Ach, Suse, Suse, Suse!
Ach, Suse!

Am 2. Mai, leichte Erwärmung,
aber immer noch besser Wintermantel.

Suser, mein holder,

lass Dich abküssen für Deinen heutigen Brief! Deine Briefe sind immer mehr eine Wonne! Wenn ich denke, was Du in Briefeschreiben schon für Fortschritte gemacht hast, wie fein Du schon alles sagst, und die blöden Schriftdeutsch- und Aufsatzwendungen, die einem in der Schule eingeremst werden, vermeidest, so kann ich nur verkünden: gut. Aber sehr gut. Aber ganz vorzüglich, Fräulein – auah, diesmal bin ich wirklich beinahe verunglückt. Also: Frau Ditzen. – Am meisten muss ich immer – verzeih – bei der Schilderung Deines Morgenbrottellers grienen, Du kannst den Appetit und die Gefühle, die Du dabei empfindest, ausgezeichnet auf den stillen Leser in Neumünster übertragen. Mein Appetit beim Abendessen ist in ständigem Wachsen. Dass Du diese beiden Tage wieder sehr hast aushalten müssen, glaube ich schon. Ich habe auch Frau Gehl schon gesagt, dass sie, wenn Du kommst, den Kleiderständer aus meinem Schlafzimmer wegräumt, ich brauche ja keinen mehr, hab ja eine Frau, die sich ausgezeichnet zum Sachenaufhängen eignet. Ich bin auch fest überzeugt, dass Du weder Bauch noch Brust mehr hast, ich habe am Ende einen Buben geheiratet. Ach Gottogottogott!!!!!! Ach, Babutz, kleines, ich habe heute für die V. Z. eine Zusammenstellung von allen möglichen Pfingstausflügen ab Neumünster gemacht und immerzu habe ich dabei gedacht, wenn ich erst mit Suse … Den Weg, das sind nur 8 km, das werden wir als Tagestour schon bald machen können. Und dann legen wir uns in irgendeinen Busch in die Sonne, lassen uns anscheinen, hören die Bienen summen, sehen manchmal blinzelnd in den Himmel über uns, und der Wind geht in den Ästen und der Mittag ist so unendlich lang, und ich leg meinen Kopf in Deinen Schoß und schlaf ein bisserl und dann gehen wir wieder ein Stück – meine Suse, meine Suse, das soll ein Leben werden, und auf den Rest schieten wir. –

Wie lieb ich Dich habe? Du nur mit fünf o? Liebste, ich aber soooooooooooooooooooooooooooooooo-ooooooooooooooooooooooooooooooooooooooooooooooo-ooooooo. Wie viel mehr hab ich Dich lieb? Na also, aber es stimmt doch nicht, es wird sich wohl die Waage halten.

Ich bin Dein Ute

Fallada an Suse: Über Suse auf der Titelseite von Kleiner
Mann – was nun? *(13. Mai 1932)*

Liebe Suse, heute früh war ich also auf dem Verlag.
Also die Deckelzeichnungen von George Gross. Ich
denke, Dir wird es wohl gehen wie mir: Zuerst fand
ich sie gar nicht sehr gut. Dann aber, vor allem die für
die Titelseite ganz ausgezeichnet. Und wer ist auf der
Titelseite? Du!!!! D. h. Lämmchen, aber hat doch
dieser Schurke von Gross, der Dich doch nur vor netto drei Monaten einen Abend lang gesehen hat, Dich
ausgezeichnet getroffen, wie Du halb kauernd vor der
Krippe sitzt mit dem Kindlein. Am schönsten ist der
Entenschnabel. Der ist unverkennbar. Sonst ist es natürlich keine Porträtähnlichkeit, aber jeder, der Dich
kennt, sagt natürlich: Das ist doch die Suse! Ich bin
sehr froh darüber, kommst Du doch auch auf das
Buch. Und sehr schön ist, dass Gross mir das Blatt
geschenkt hat, die Originalzeichnung. Sie ist sehr
groß, wir werden sie rahmen und aufbammeln, sie
hat so viel Reiz! Es ist ein sehr großes Blatt, ich glaube etwa: 60 zu 40. Natürlich bekomme ich es erst,
wenn die Reproduktion danach gemacht ist. Ist das
schön, mein Mädchen? Auf der Rückseite [*hand-
schriftlicher Zusatz:* des Buches] ist Pinneberg vor einem Mantelständer, der einem Manne einen Mantel
verkauft. Das ist sehr stark George Gross, während
Du auf der Deckelzeichnung nicht so »Grossisch«

bist. Die Vorderseite wird im Untergrund rosa, die Rückseite ein helles Grün, der Rücken silbergrau, um das Optimistische des Buches zu betonen. Ich kann es mir natürlich als Laie noch nicht so recht vorstellen, aber alle waren überzeugt, dass es sehr schön würde. Gross war wieder glänzender Stimmung und machte Döneckens, wie er »Ernst« hypnotisierte, um ihm beizubringen, dass die Zeichnungen sehr gut und geeignet seien, das war glänzend. Übrigens werden wir am Dienstagabend zusammen sein, in der übernächsten Woche fährt nämlich Gross nach Amerika, für 3 Monate, er hat irgendein Angebot bekommen. – Über mein Buch habe ich wieder viel Schmeichelhaftes gehört, mit dem Film sollen die Aussichten gut stehen, jetzt hat sich Engel (der Mann von 5 von der Jazzband) eine zehntägige Option geben lassen, Zingler hat 12 000 gefordert. – Morgen bin ich mit Lore zusammen und Fräulein Braden, die haben sich ausdividiert, die wollen mal einen Tagesbummel durch Berlin wie Fremde machen, mit Kaffee unter den Linden, Schupoparade aufziehen sehen, eine halbe Stunde Museum, eine Viertelstunde Dom usw. Ich mache gerne mit, habe darum meine Verabredung mit Frau Kenter auf den Sonntag verlegt. Hier sitze ich augenblicklich vor dem Umbruch vom Kleinen Mann, 300 Seiten sind auf einmal gekommen, Du kannst Dir meine freudigen Gefühle denken, zumal ich es möglichst bis morgen fertig haben soll. Dann werden doch noch so 80 Seiten nachkommen. – Von gestern habe ich Dir ja in meiner grausig in der wackelnden Bahn geschriebenen Karte berichtet. Wollte ich Dir wirklich davon erzählen, müsste ich Seiten über Seiten schreiben. Und dazu ist keine Zeit, ich muss auch noch die frisch gepflanzten Pflanzen gießen, heute war es grade ganz trocken. Gottlob habe ich Deine Karte, dass Ihr gut angekommen seid. Darüber bin ich sehr froh. Halte auf Ulis Ruhe, lass ihn nicht so viel bequatschen und grüße alle schön von mir. Ich freue mich meiner Ruhe, die ja vorläufig bei dem vielen, was ich noch vorhabe, keine rechte Ruhe ist, aber das wird schon. Und doch freue ich mich auch schon auf Euer Wiederkommen.

Also, machs gut, meine Olsch, gib Uli Küssing und Dir auch, Dir auch, mein Mädchen, Dein Junge

Hans Fallada, Aufnahme aus den 1940er Jahren

Zeittafel

1893   Am 21. Juli kommt Rudolf Ditzen als drittes Kind des Landrichters Wilhelm Ditzen (1852–1937) und seiner Ehefrau Elisabeth (1868–1951) in Greifswald zur Welt. Der Vater entstammt einer Juristenfamilie, die Mutter ist Tochter eines Gefängnisgeistlichen. Rudolf hat zwei ältere Schwestern, Elisabeth und Margarete, später kommt noch der Bruder Ulrich hinzu, der 1918 in Frankreich fällt.

1899   Der Vater wird Kammergerichtsrat in Berlin. Umzug der Familie nach Berlin.

1901   Einschulung im Prinz-Heinrichs-Gymnasium, Erlebnis von Demütigungen.

1906   Wechsel zum Bismarck-Gymnasium.

1909   Der Vater wird Reichsgerichtsrat in Leipzig. Umzug der Familie nach Leipzig. Dort Besuch des Königin-Carola-Gymnasiums. Neben Krankheiten und Depressionen mit Sanatoriumsaufenthalten schwerer Fahrradunfall mit langem Klinikaufenthalt.

1911   Zur Stabilisierung der Gesundheit Besuch des Gymnasiums in Rudolstadt. Infolge depressiver Zustände kommt es zum Versuch eines Doppelselbstmords mit einem Freund, den nur Rudolf schwerverletzt überlebt.

1911–14 Die gerichtliche Untersuchung des Falles endet

mit einer Unzurechnungsfähigkeitserklärung und anschließender Einweisung in die Nervenheilanstalt Tannenfeld in Sachsen, wo Tante Adelaide (»Ada«) die Fürsorge übernimmt. Rudolf erlernt Fremdsprachen, liest viel und soll in der Landwirtschaft Fuß fassen.

1914 Meldung als Kriegsfreiwilliger, wegen gesundheitlicher Probleme jedoch rasch entlassen.

1915–19 Arbeit auf verschiedenen landwirtschaftlichen Gütern als Kartoffelspezialist, später als Rendant. Zwischenzeitlich zwei Drogenentziehungskuren (Morphinsucht).

1920 Als Romanerstling erscheint *Der junge Goedeschal* im Ernst Rowohlt Verlag (Berlin). Auf Bitten des Vaters wählt Rudolf als Pseudonym »Hans Fallada«, woran er lebenslänglich festhält.

1923–24 Der zweite Roman *Anton und Gerda* erscheint. Die fortdauernden Drogenprobleme führen zu Geldsorgen und einer Unterschlagung im Amt als Rendant. Nach der Entdeckung Verurteilung und Gefängnishaft, aus der er wegen guter Führung nach drei Monaten entlassen wird. Danach Rechnungsführer auf dem Gut eines Freundes in Rügen.

1925–28 Bei weiteren Anstellungen erneute Veruntreuung, was zu einer zweieinhalbjährigen Gefängnisstrafe in Neumünster führt. Die Haft (Fallada setzte den Unterschlagungsbetrag absichtlich höher an) soll zur Befreiung von der Drogensucht verhelfen.

1928	Nach der Entlassung Adressenschreiber in Hamburg, wo er im Guttemplerorden, einer Vereinigung, die Suchtkranken Hilfe anbietet, seine spätere Ehefrau Anna Margarete Issel (»Suse«) kennenlernt, eine Lageristin.
1929	In Neumünster Anstellung als Annoncenwerber, dann als Lokalreporter beim *General-Anzeiger*, unter anderem als Prozessberichterstatter beim »Landvolkprozess«, woraus der Roman *Bauern, Bonzen und Bomben* entsteht. Heirat in schwierigen finanziellen Verhältnissen (bei weiterer Unterstützung des Vaters).
1930	Ernst Rowohlt bietet eine Anstellung in seinem Berliner Verlag, mit Zeit zum Romanschreiben. Geburt von Ulrich (»Murkel«).
1931	*Bauern, Bonzen und Bomben* erscheint, macht Fallada berühmt und finanziell unabhängig (Reihenhaus in Neuenhagen bei Berlin).
1932–33	Nach dem Durchbruch der größte Romanerfolg überhaupt mit *Kleiner Mann – was nun?* Erwerb eines größeren Hauses. Nach einer Denunziation wegen staatsfeindlicher Äußerungen elftägige SA-Haft. Erwerb des abgelegenen mecklenburgischen Gutes Carwitz. Tochter Lore wird 1933 geboren; Zwillingstochter Edith stirbt kurz nach der Geburt.
1934–36	Neue Romane erscheinen, darunter *Wer einmal aus dem Blechnapf frißt*. Der Erfolg ist groß, aber die Nazipresse hetzt gegen Fallada. Ausweichen

auf politisch unproblematische Themen im Roman *Altes Herz geht auf die Reise* oder den Kindergeschichten *Hoppelpoppel, wo bist du?*

1937   Letzter Versuch eines Gesellschaftsromans mit *Wolf unter Wölfen* über die Krisenzeit der 1920er Jahre. Joseph Goebbels ist begeistert, aber Alfred Rosenberg wendet sich gegen Fallada, der zum »unerwünschten Autor« wird.

1938   Ein am Einspruch der Nazis gescheiterter Film-Versuch (angeregt von Emil Jannings) führt zum Roman *Der eiserne Gustav*. Joseph Goebbels setzt beim Druck den »Nazi-Schwanz« mit Eintritt eines der Handlungsträger in die NSDAP durch. Wachsende Geldsorgen führen zum Märchenbuch *Geschichten aus der Murkelei*.

1939–41   Neue Versuche mit Romanen (*Kleiner Mann, großer Mann – alles vertauscht*) und Erzählungen werden aufgrund ständiger Angriffe vom Amt Rosenberg keine Erfolge. 1940 wird Achim, das dritte Kind, geboren.

1942–43   Die beiden Erinnerungsbücher *Damals bei uns daheim* und *Heute bei uns zu Haus* erscheinen, dazwischen die Erzählung *Zwei zarte Lämmchen weiß wie Schnee*. Im Auftrag des Reichsarbeitsdienstes bereist Fallada den Sudetengau und das besetzte Frankreich.

1944   Scheidung von Suse, seit der Heirat seine große Stütze. Danach schießt der alkoholisierte Fallada auf Suse, was zur Zwangseinweisung in die Psychiatrie führt. Dort entsteht *Der Trinker* sowie ein geheimes Tagebuch über seine Erfahrungen mit dem NS-Staat (2009 veröffentlicht als *In meinem fremden Land. Gefängnistagebuch 1944*). Für seine Tochter schreibt er *Fridolin, der freche Dachs.*

1945   Heirat mit der ebenfalls morphinsüchtigen Unternehmerwitwe Ursula Losch. Nach der Kapitulation Bürgermeister von Feldberg in der russischen Zone. Drogenprobleme mit Klinikaufenthalt in Berlin, wo der spätere DDR-Kulturminister Johannes R. Becher Fallada mit einem Haus in Pankow und Schreibaufträgen für den Aufbau-Verlag stützt.

1946   *Der Trinker* wird vollendet, erscheint aber erst postum 1950 im Rowohlt-Verlag, 1953 im Aufbau-Verlag. Becher vermittelt Fallada Gestapo-Akten über den Widerstand eines Berliner Ehepaares, woraus *Jeder stirbt für sich allein* entsteht (erschienen postum 1947). Wiederholte Klinikaufenthalte nach Zusammenbrüchen infolge der Morphin- und Alkoholsucht. Missglückter Selbstmordversuch.

1947   Tod aufgrund von Drogenmissbrauch mit 53 Jahren am 5. Februar in einem Pankower Krankenhaus. Beerdigung auf dem Pankower Friedhof in einem Ehrengrab, spätere Überführung der Urne auf Initiative von Anna Ditzen auf den Friedhof in Carwitz.

Textnachweise

Die Texte der vorliegenden Ausgabe folgen – unter behutsamer Angleichung an die neue Rechtschreibung – den hier verzeichneten Editionen; in den Textnachweisen werden sie jeweils mit den angegebenen Titelsiglen abgekürzt zitiert.

AW2   H. F.: Ausgewählte Werke in Einzelausgaben. Hrsg. von Günter Caspar. Bd. 2: Kleiner Mann – was nun? Berlin/Weimar 1982 (zuerst 1932).

AW4   H. F.: Ausgewählte Werke in Einzelausgaben. Hrsg. von Günter Caspar. Bd. 4: Wolf unter Wölfen. Erster Teil. Bd. 5: Wolf unter Wölfen. Zweiter Teil. Berlin/Weimar 1979 (zuerst 1937).

AW6   H. F.: Ausgewählte Werke in Einzelausgaben. Hrsg. von Günter Caspar. Bd. 6: Der eiserne Gustav. Roman. Berlin/Weimar 1977 (zuerst 1938).

DAM   H. F.: Damals bei uns daheim. Erlebtes, Erfahrenes und Erfundenes. Heute bei uns zu Haus. Ein anderes Buch. Erfahrenes und Erfundenes. Berlin/Weimar 1982 (zuerst 1942 und 1943).

FR   H. F.: Fridolin der freche Dachs. Eine zwei- und vierbeinige Geschichte. In: H. F.: Märchen und Geschichten. Berlin/Weimar 1986 (zuerst 1944), S. 459–582.

IN   H. F.: In meinem fremden Land. Gefängnistagebuch 1944. Hrsg. von Jenny Williams und Sabine Lange. Berlin 2009.

JE   H. F.: Jeder stirbt für sich allein. Roman. Berlin 2011 (zuerst 1947).

LW   H. F.: Lüttenweihnachten. In: H. F.: Gesammelte

Erzählungen. Braunschweig 1967 (zuerst 1944), S. 271–277.

WENN H.F. / Anna Ditzen: Wenn du fort bist, ist alles nur halb. Briefe einer Ehe. Hrsg. von Uli Ditzen. Berlin 2007, S. 28 f., 141 f., 274 f.

WER H.F.: Wer einmal aus dem Blechnapf frißt. Roman. Berlin 1950 (zuerst 1934).

WIE H.F.: Wie ich Schriftsteller wurde. In: H.F.: Gesammelte Erzählungen. Braunschweig 1967, S. 278–319.

ZW H.F.: Zwei zarte Lämmchen weiß wie Schnee. In: H.F.: Gesammelte Erzählungen. Braunschweig 1967 (zuerst 1941), S. 127–215.

Verzeichnis der Abbildungen

Alle Abbildungen entstammen der folgenden Edition:

Hans Fallada. Sein Leben in Bildern und Briefen. Hrsg. von Gunnar Müller-Waldeck und Roland Ulrich unter Mitarbeit von Uli Ditzen. Berlin 1997.

In einigen Fällen waren die Inhaber der Rechte nicht festzustellen; hier ist der Verlag bereit, nach Anforderung rechtmäßige Ansprüche abzugelten.